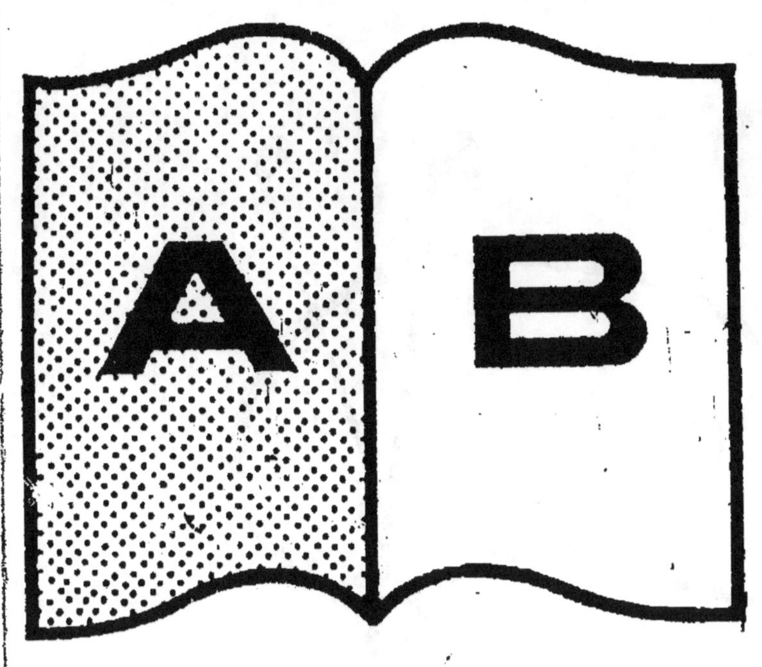

Contraste insuffisant des couvertures
supérieure et inférieure

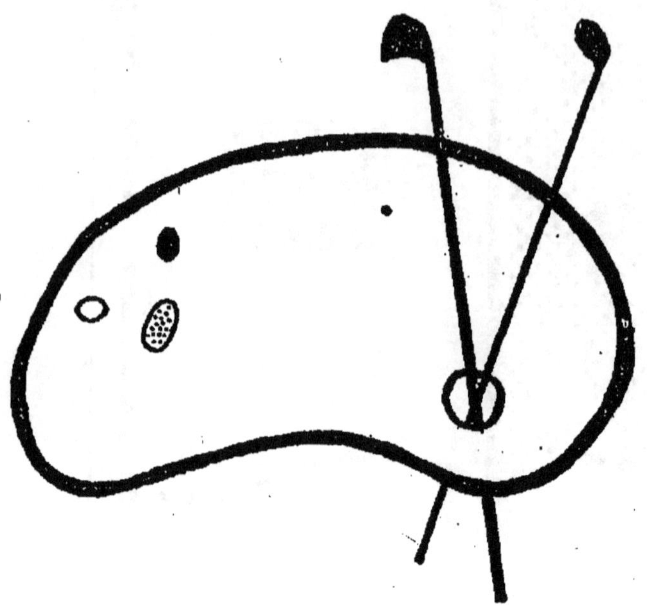

DEBUT D'UNE SERIE DE DOCUMENTS
EN COULEUR

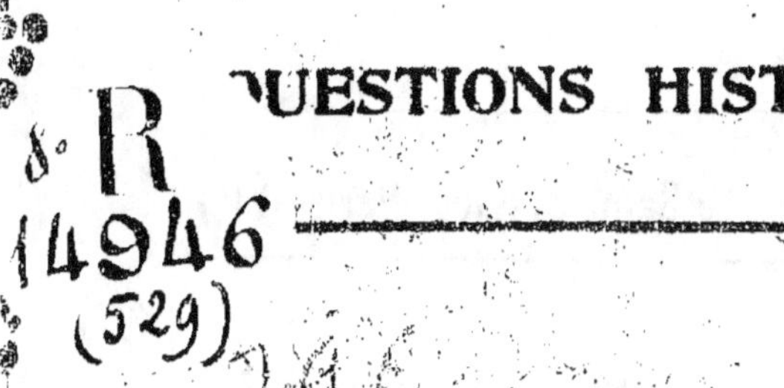

L.-Cl. FILLION

L'EXISTENCE HISTORIQUE DE JÉSUS

et le

RATIONALISME CONTEMPORAIN

BLOUD & Cie

S. et R. 529

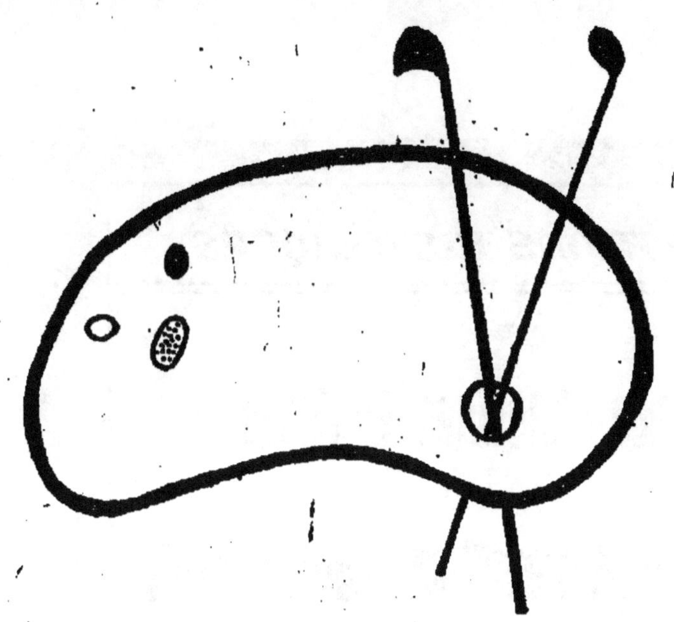

FIN D'UNE SERIE DE DOCUMENTS
EN COULEUR

L'Existence historique de Jésus
et
le Rationalisme contemporain

PAR

L. Cl. FILLION

Consulteur de la Commission biblique,
Professeur honoraire à l'Institut Catholique de Paris.

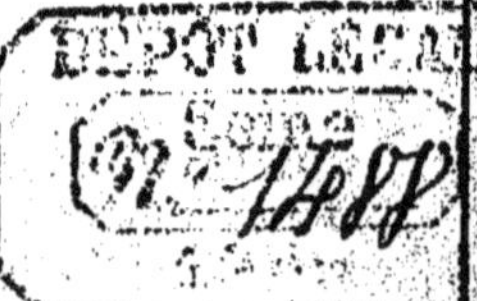

PARIS
LIBRAIRIE BLOUD & Cie
7, PLACE SAINT-SULPICE, 7
1 ET 3, RUE FÉROU, 6, RUE DU CANIVET

1909

Reproduction et traduction interdites.

MÊME SÉRIE

Chauvin, Consulteur de la Commission biblique. — **L'Enfance du Christ d'après les traditions juives et chrétiennes.** (135)............................ 1 vol.
— **Au Golgotha ou les derniers moments de Jésus.** (164)... 1 vol.
— **Le Procès de Jésus-Christ.** (151)............, 1 vol.

Histoire du peuple Juif.

Beurlier (M.), docteur en théologie et ès lettres, professeur honoraire à l'Institut catholique de Paris. — **Le Monde Juif au temps de Jésus-Christ et des Apôtres.** (115-116). 2 vol...................... **1 fr. 20**
Paulus (A.), Agrégé de l'Université. — **Les Juifs avant le Messie.** 3 volumes se vendant séparément.
Développement politique et religieux du peuple juif (317)............................ 1 vol.
Etat moral et social des Juifs, d'Abraham à Moïse. (318)............................ 1 vol.
Développement moral et social, de Moïse à Jésus-Christ. (319)............................ 1 vol.
— **Les Juifs et le Messie.** — 4 vol. — Ouvrage approuvé par NN. SS. les évêques de Vannes, de Saint-Brieuc et d'Angers.
Chaque volume se vend séparément.
Les Espérances messianiques des anciens Juifs. (274) 1 vol.
Les Premières prédications de Jésus. (275).. 1 vol.
Jésus hors la loi (276)...................... 1 vol.
L'Idée messianique après Jésus-Christ. (277). 1 vol.

Nihil obstat.
  H. Garriguet

IMPRIMATUR
Parisiis, die 20 feb. 1909.
  P. Fages, v. g.

L'EXISTENCE HISTORIQUE DE JÉSUS

ET

LE RATIONALISME CONTEMPORAIN

CHAPITRE PREMIER

Etat général de la question.

On l'a dit avec beaucoup de justesse, pour la plupart des chrétiens de notre époque — qu'ils soient catholiques, anglicans, protestants, schismatiques, peu importe — c'est « une monstruosité » d'apprendre qu' « en Allemagne, en Angleterre et en Amérique (1), il s'est trouvé des hommes qui, dans des ouvrages imprimés, ont refusé à Jésus tout caractère historique, » et se sont contentés de l'envisager « comme une figure normale de la religion chrétienne (2) ; figure qui n'aurait été regardée que plus tard, et par erreur, comme une personne ayant vécu dans les temps passés (3) ».

Aussi ne pouvons-nous comprendre comment, en face d'une telle négation et tout en la réprouvant, quelques savants sont allés jusqu'à affirmer qu' « elle favorise essentiellement le progrès de la science théologique » ou historique, soit parce qu'elle excite les réflexions et les

(1) En France également, comme il sera dit plus bas.
(2) Expression tout allemande, pour désigner une figure destinée à servir de règle, de type, au christianisme et à ses adhérents.
(3) A. NEUMANN, *Jesus wer er geschichtlich war,* Fribourg-en-Brisgau, 1904, p. 7.

recherches, soit parce qu'elle occasionne un nouvel examen, de plus en plus sérieux, des documents anciens. Nous croyons être dans le vrai, en ne voyant en cela que le progrès du mal, le progrès de l'incrédulité devenue plus hardie. Est-ce que l'existence historique et personnelle de Notre-Seigneur Jésus-Christ n'est pas un fait aussi évident que l'existence du soleil ? Aussi préférons-nous dire avec un autre théologien allemand, M. le professsseur Bousset, qui fait pourtant d'énormes concessions au rationalisme : « On se demande encore et encore, » avant de se décider à attaquer de tels systèmes qui vont jusqu'à nier l'évidence, si les arguments sur lesquels ils s'appuient « méritent une réfutation (1). »

La théorie qui fait de Jésus un être purement mythique ou légendaire ne rencontre plus aujourd'hui, Dieu merci, la faveur dont elle a joui dans certains milieux, il y a environ soixante ans. Néanmoins, les pires absurdités trouvent toujours des adhérents, et naguère encore, un pasteur protestant (2) essayait, dans une série de brochures publiées coup sur coup, de rendre la vie à ce système antiscientifique. Depuis, d'autres écrits ont encore paru dans le même sens. Il n'est donc pas hors de propos de voir sur quelles bases cette théorie prétend s'appuyer, et par quels procédés elle essaie de démontrer que le Jésus des évangiles n'a jamais existé.

Fait très caractéristique : un socialiste d'outre-Rhin, M. Bade, posa, il y a peu d'années, à quarante ouvriers de tous les pays de langue allemande et de toutes les catégories de métiers, cette intéressante question : « Que pensez-vous de Jésus, ou qu'était Jésus ? » Il reçut, comme il fallait s'y attendre, les réponses les plus variées, car les ouvriers allemands lisent beaucoup, et il paraît en Allemagne un nombre vraiment étonnant de livres et de brochures sur Jésus-Christ et sur les évangiles. Quelques-unes de ces réponses, malheureusement bien rares, reconnaissent en Jésus le Messie,

----

(1) *Was wissen wir von Jésus ?* Halle, 1904, p. 5.
(2) M. A. Kalthoff, dont il sera longuement question plus bas.

l'Homme-Dieu, et parlent de lui avec autant de piété que de foi. La plupart contiennent à son sujet des phrases creuses ou banales. L'une d'elles — une sur quarante, c'est beaucoup — nie franchement l'existence de Notre-Seigneur : « Le Christ est une figure imaginaire ; car qui peut démontrer qu'il a vécu ? » Une autre la traite comme un fait douteux : « Je regarderais Jésus, s'il avait vécu, comme un homme idéal ; mais par malheur, aucun homme idéal n'est bien pratique (1). »

On le voit, par la force même des choses, cette question : Jésus a-t-il existé ? est « le premier des grands problèmes » qui s'impose aujourd'hui, qu'ils le veuillent ou non, à tous ceux qui s'occupent scientifiquement de la vie de Jésus (2).

De quelle nature sont donc les arguments qu'on allègue contre l'existence historique de Jésus ? Nous en empruntons le résumé suivant à un savant professeur allemand, M. von Soden (3), qui, tout en les combattant avec force, fait lui-même de très fâcheuses concessions aux principes rationalistes. On commence, dit-il, par attaquer la thèse de la crédibilité des évangiles, en essayant de démontrer dans le détail, par une comparaison établie entre leurs récits, qu'aucun de ces derniers n'offre des garanties suffisantes de certitude historique ; on s'efforce de prouver que les trois plus considérables d'entre eux, ceux de Matthieu, de Luc et de Jean, n'ont pas vu le jour avant les dix dernières années du premier siècle, et que, par conséquent, ils sont postérieurs d'environ soixante ans aux événements qu'ils racontent ; on affirme qu'ils ont été composés, l'un à Rome (celui de saint Matthieu), les deux autres en Asie Mineure (ceux de saint Luc et saint Jean), fort loin du théâtre des événements et dans un milieu très différent ; on prétend, de plus, qu'ils ont fait leur apparition parmi des hommes dont l'imagination

(1) Voir les *Verhandlungen des neunten evangelisch-sozialen Kongressen zu Berlin*, Berlin, 1898.
(2) H. von SODEN, *Die wichtigsten Fragen im Leben Jesu*, Berlin, 1904, p. 3.
(3) *Ibid.*, p. 3 et 4.

était vivement surexcitée, dont l'intérêt se portait presque uniquement sur l'avenir, et qui croyaient que Jésus allait ouvrir une nouvelle période de l'histoire, avec la perspective de la fin du monde à une date rapprochée. De tout cela, on conclut que les évangiles sont incapables de nous fournir une image réelle de Jésus et, finalement, que Jésus n'a pas existé.

Agir ainsi, c'est aller vite en besogne. Mais l'école néo-critique veut précisément aller vite, sur le domaine de l'histoire religieuse.

CHAPITRE II

Les principaux adversaires de l'existence historique de Jésus et leurs arguments.

Laissons maintenant les généralités, et entrons dans l'examen des systèmes par lesquels on a prétendu démontrer que l'existence personnelle de Notre-Seigneur doit être rangée au nombre des mythes ou des fables.

I. *Charles-François Dupuis.* — L'un des premiers, sinon le premier de tous, est celui de Charles-François Dupuis (1). Il est exposé dans l'ouvrage, autrefois célèbre, *L'origine de tous les cultes ou la Religion universelle* (2), par lequel fut inauguré un nouveau genre d'attaques contre la révélation, celui de l'explication de la religion chrétienne par des mythes solaires et naturels. Nous citerons seulement la principale théorie de Dupuis. On verra plus loin qu'elle n'est pas entièrement démodée, puisque l'écrivain qui vient de nier en dernier lieu l'existence personnelle de Jésus-Christ reproduit au fond la même assertion impie et antiscientifique.

« Nous attachons d'autant plus d'importance à prouver que Bacchus et Hercule ne sont que le dieu Soleil, adoré chez tous les peuples sous un nom différent, qu'il en résultera une conséquence infiniment précieuse, savoir : qu'on écrivit autrefois l'histoire de la nature et de ses phénomènes, comme on écrivit depuis celle des hommes, et que le soleil surtout fut le principal héros de ces romans merveilleux, sur lesquels la postérité ignorante a été grossièrement trompée. Si le lecteur

____

(1) Né en 1742, mort en 1809.
(2) Trois vol. in-4°, Paris, 1794. L'auteur lui-même en a publié un résumé sous ce titre : *Abrégé de l'origine de tous les cultes*, 1 vol. in-12, Paris, 1798.

reste bien convaincu de cette vérité, il admettra sans peine notre explication de la légende solaire, connue chez les chrétiens sous le nom de Vie de Christ, qui n'est qu'un des mille noms du dieu Soleil, quelle que soit l'opinion de ses adorateurs sur son existence comme homme (1). » Dupuis dit encore (2) : « Le héros des légendes connues sous le nom d'évangiles est le même héros qui a été chanté avec beaucoup plus de génie dans les poëmes sur Bacchus, sur Osiris, sur Hercule, sur Adonis, etc. »

L'auteur, pour démontrer sa thèse, consacre de longues pages à établir les rapprochements les plus imprévus entre Jésus-Christ et le soleil. Finalement il conclut : « Après avoir, j'ose dire, démontré que l'incarnation de Christ est celle du soleil, que sa mort et sa résurrection ont également le soleil pour objet..., je viens à la grande question de savoir si Christ a existé oui ou non. Si dans cette question on entend demander si le Christ, objet du culte des chrétiens, est un être réel ou un être idéal, évidemment il est un être réel, puisque nous avons fait voir qu'il est le soleil. Rien, sans doute, de plus réel que l'astre qui éclaire tout homme venant au monde. Il a existé, il existe encore et il existera longtemps. Si l'on demande s'il a existé un homme charlatan ou philosophe, qui se dit être Christ, et qui ait établi sous ce nom les antiques mystères de Mithra, d'Adonis, etc., peu importe à notre travail qu'il ait existé ou non. Néanmoins nous croyons que non (3). »

Dupuis trouva quelques disciples, entre autres le fameux Volney. Il parut plusieurs réfutations de ses blasphèmes ; les unes sérieuses, les autres — et ce furent peut-être les meilleures — composées sur le ton de la plaisanterie. L'une de ces dernières a eu son moment de célébrité, et on en a donné de nombreuses réimpressions. Elle est intitulée : *Comme quoi Napoléon n'a jamais existé*, et a pour auteur J.-B. Pérès, bibliothè-

____

(1) *Abrégé de l'origine de tous les cultes*, 4ᵉ édit., Paris 1822, p. 154.
(2) *Ibid.*, p. 283.
(3) *Ibid.*, p. 373.

caire de la ville d'Agen (1). En voici les premières lignes : « Napoléon Bonaparte, dont on a dit et écrit tant de choses, n'a pas même existé. Ce n'est qu'un personnage allégorique. C'est le soleil personnifié ; et notre assertion sera prouvée, si nous faisons voir que tout ce qu'on publie de Napoléon le Grand est emprunté du grand astre. » En effet, l'auteur prouve que Napoléon est le soleil, qui se lève à l'orient (l'île d'Elbe) et va mourir à l'occident (l'île de Sainte-Hélène) ; ses quatre frères sont les quatre saisons ; ses douze maréchaux sont les douze signes du zodiaque ; bref, tous les traits de son histoire sont empruntés à la légende solaire.

II. *Bruno Bauer.* — Nous passons de la France à l'Allemagne, de la fin du xviiie siècle au milieu du xixe. Bruno Bauer, qui va attirer à son tour notre attention, appartient au parti le plus radical en fait d'exégèse. C'est en 1840 qu'il commença à acquérir une triste notoriété, par l'acharnement avec lequel il attaqua le christianisme et son divin fondateur. Né le 6 septembre 1809 à Eisenberg, dans le duché de Saxe-Altenbourg, il mourut le 16 avril 1882, à Rixdorf, près de Berlin. Attaché d'abord à l'aile droite de l'école hégélienne, il critiqua la *Vie de Jésus* de Strauss avec une âpreté particulière. Mais bientôt, dans une de ces crises que son âme passionnée et troublée eut plus d'une fois à traverser, il s'avança bien au delà de Strauss lui-même sur la voie de la négation hardie, qui ne respecte rien. Devenu professeur à l'Université de Bonn, il composa deux ouvrages connexes, *Critique de l'histoire évangélique d'après Jean* et *Critique de l'histoire évangélique d'après les synoptiques* (2), dans lesquels il consomma sa rupture non seulement avec le christianisme, mais aussi avec toutes les écoles théologiques d'alors. Il fut destitué pour ce motif, en 1842, et alla se fixer à Berlin,

(1) Nous avons entre les mains la 11e édition, publiée par Frédéric Monod, Paris, s. d. C'est une brochure in-32 de 32 pages.
(2) *Kritik der evangelischen Geschichte des Johannes*, Berlin, 1840, et *Kritik der evangelischen Geschichte der Synoptiker*, 3 vol., Berlin, 1841-1842.

où il consacra sa vie à des travaux de critique et d'histoire. Il publia successivement la *Critique des Evangiles et histoire de leur origine* (1), la *Critique des Actes des Apôtres* (2), la *Critique des épîtres pauliniennes* (3), etc. Son dernier ouvrage, qui réunit en quelque sorte toutes les conclusions de ses études précédentes, est intitulé : *Le Christ et les Césars*; c'est un écrit populaire qui eut un certain succès (4). C'est surtout dans ce volume que Bruno Bauer s'attache à démontrer par des arguments positifs que le christianisme ne doit pas être rattaché à un fondateur du nom de Jésus, attendu que ce Jésus n'a jamais existé.

Il raconte lui-même qu'en commençant son premier livre, il se proposait de « sauver l'honneur de Jésus, de rendre la vie à sa personne » en le faisant sortir de l'état de mort auquel l'avaient réduit les apologistes, de rétablir les relations vivantes qu'il a eues d'une manière indéniable avec l'histoire. Il acheva son œuvre en traitant le christianisme de « vampire qui suce la sève et la force, le sang et la vie de l'humanité ».

Lorsqu'il se mit à étudier l'histoire évangélique, il adopta de préférence ce qu'il nomme « la méthode littéraire ». Il prit pour point de départ la partie la plus récente de cette histoire, représentée par le quatrième évangile, et il prétendit découvrir, dans l'œuvre attribuée à saint Jean par la tradition, comment « une réflexion évidente expose la vie du Messie dans le cadre de la notion du Logos, » c'est-à-dire, en termes moins obscurs, comment l'auteur du quatrième évangile, prenant pour cadre de son récit la notion du Logos, telle qu'elle existait chez les néoplatoniciens et surtout dans les écrits de Philon, y a inséré le portrait du Messie juif.

Bruno Bauer fit tout ce qu'il voulut de cette méthode. Lui qui reproche aux évangélistes de publier le résultat de leurs « réflexions » personnelles, et davantage encore

<hr>

(1) *Kritik der Evangelien, und Geschichte ihres Ursprungs*, 2 vol., Berlin, 1850-1851.
(2) *Kritik der Apostelgeschichte*, Berlin, 1850.
(3) *Kritik der paulinischen Briefe*, Berlin, 1850-1852.
(4) *Christus und die Cæsaren, der Ursprung des Christentums aus dem römischen Griechentum*, Berlin, 1877.

le produit des « réflexions » de la chrétienté primitive, il
a fabriqué l'histoire évangéliques de toutes pièces, en
partant d'une idée préconçue. Au début, toutefois, il manifesta une certaine modération dans ses jugements.
C'est ainsi qu'il regarde l'auteur du quatrième évangile
comme un artiste habile, dont la composition est vraiment une œuvre d'art chrétien ; ce qui ne l'empêche
pas d'affirmer qu'il n'y a pas, dans cet écrit, « un ato-
me qui ait échappé au travail de *réflexion* de l'auteur-
créateur ».

Passant ensuite aux synoptiques dans son second
ouvrage, il trouve que, sous le rapport de la vérité historique, ils ne diffèrent du quatrième évangile que par
un degré. Il se déclare partisan de ce qu'il appelle, rela-
tivement à la composition des évangiles, la *Markushy-
pothese*, c'est-à-dire, de la théorie qui fait du second
évangile la source principale de saint Matthieu et de
saint Luc. Puis, poussé en avant par sa fausse logique
et ses idées préconçues, il croit découvrir que l'œuvre
de Marc n'est, comme celle de Jean, qu'un simple produit littéraire sans réalité historique ; *a fortiori* celles
des deux autres synoptiques. Les discours et les faits
ont été inventés. Il n'y a pas de tradition proprement
dite qui ait servi de base aux évangiles : il n'y a que
trois écrivains (car saint Jean ne compte déjà plus),
dont deux dépendent du premier, auquel ils ajoutent à
leur gré. Celui d'entre eux qui est seul indépendant a
lui-même créé ses propres récits. Cet *Urevangelist* (1)
était un homme de génie : il appartenait aux cercles
philosophiques et réformateurs qui s'étaient formés, vers
la fin du premier siècle, dans le monde judéo-gréco-
romain. Le christianisme est sorti tout entier de son
puissant cerveau. C'était, dans sa pensée, un système
de philosophie, destiné à délivrer les couches infé·····ures
du peuple, alors écrasées, humiliées. Pour réaliser cette
délivrance, il créa, par contraste avec les empereurs
romains, le portrait idéal de Jésus, ce doux souverain,
conforme aux besoins et aux désirs ardents de la démo-

(1) Expression fort goûtée des savants allemands : l' « évangéliste
primitif » ; saint Marc, dans le système adopté par Bruno Bauer.

cratie. Jésus est donc une création poétique, qui a pour premier auteur l'*Urevangelist*. Celui-ci aurait vécu, d'après Bruno Bauer, durant la première moitié du règne d'Adrien ; son œuvre, remaniée plus ou moins, nous est parvenue sous la forme de l'évangile selon saint Marc. Les écrits de saint Matthieu et de saint Luc parurent un peu plus tard ; celui qui porte le nom de saint Jean ne fut publié que vers la fin du second siècle (1).

Mais l' « évangéliste primitif » n'a pas seulement inventé Jésus ; il a créé également, pour les besoins de la cause dont il s'était fait le promoteur, une attente messianique qu'il a personnifiée dans Jésus, attente qu'il savait fort bien n'avoir pas existé. Le dogme du Messie n'a donc pas été emprunté au judaïsme ; il est né avec le christianisme, ou plutôt, c'est lui-même qui a donné naissance à l'Église, puis à la personne de Jésus-Christ.

Voilà où en vint peu à peu Bruno Bauer, sous l'impulsion de ce qu'on a fort bien nommé son « idée fixe ». Il n'entre pas dans notre plan de le suivre dans le développement détaillé de son étrange théorie (2) ; mais il importait d'en esquisser à grands traits les points principaux, pour montrer comment il est arrivé à cette conclusion blasphématoire : Tout ce qu'est le Christ historique, tout ce qui est dit de lui, tout ce que nous savons de lui, appartient au monde de l'idée, de l'idée chrétienne, et n'a rien de commun avec un homme faisant partie du monde réel.

Bruno Bauer atténua tout d'abord cette assertion : dans ses premiers volumes, il se contentait de dire que l'existence de Jésus-Christ est tout au moins problématique, qu'elle est d'ailleurs chose indifférente en toute hypothèse.

Quelques années plus tard, dans sa *Critique des*

<hr>

(1) *Kritik der evangelischen Geschichte der Synoptiker*, et *Kritik der Evangelien*, passim. Voir aussi A. SCHWEITZER, *Von Reimarus zu Wrede*, Tubingue 1906, p. 140 et suiv ; H. WEINEL, *Jesus im neunzehnten Jahrhundert*, Fribourg en Brisgau, 1904. p. 45.

(2) On en trouve la réfutation générale dans les Introductions au Nouveau Testament, qui démontrent par des arguments très sûrs et très solides l'authenticité, l'intégrité, la crédibilité des quatre évangiles canoniques.

évangiles et de l'histoire évangélique, il fut plus positif :
un personnage historique du nom de Jésus n'a jamais
existé. Dans son dernier volume, *Le Christ et les Césars*,
il ne garde plus aucune mesure et cesse presque de
donner des preuves, tant « il était devenu aveugle par
rapport à l'histoire (1) », et tant sa haine de tout ce qui
est chrétien s'était développée. Aussi ne recueillit-il qu'un
piteux échec ; on ne lui fit pas même l'honneur de le
prendre au sérieux, et on lui reprocha justement son
manque de sens historique et ses allures arbitraires,
absolues. Il a sa place toute marquée parmi les « ultra-
critiques » (2), lui pour qui le seul élément certain,
positif, qu'on puisse découvrir à propos de l'Eglise primitive, consiste dans son existence à la fin du 1ᵉʳ siècle,
tout le reste n'étant qu'invention, création, *réflexion*
des premiers chrétiens, et en particulier des évangélistes.

III. *Quelques épigones de Bruno Bauer.* — Cette
théorie radicale, quoique très généralement répudiée et
condamnée sans examen, a cependant trouvé grâce
devant un tout petit nombre de critiques hollandais et
anglais, peu difficiles à contenter, ou portés personnellement aux idées extrêmes. Il est aisé de les compter :
Loman, dans la *Theologisch Tijdschrift* (3), et encore
a-t-il modifié plus tard sa première opinion, en admet-
tant qu'un pseudo-Messie, nommé Jésus, a été crucifié
par Pilate (4) ; Pierson et Naber, dans l'ouvrage *Veri-
similia* (5) ; Edwin Johnson, dans l'écrit anonyme
Antiqua Mater (6) ; S. E. Verus, pseudonyme de P. van
Dyk, dans un livre populaire intitulé *Vergleichende
Uebersicht der vier Evangelien* (7) ; plus récemment
encore, John R. Robertson, dans son volume *Pagan
Christs* (8).

(1) A. Schweitzer, *Von Reimarus zu Wrede* p. 159.
(2) O. Schmiedel, *Die Hauptprobleme der Leben-Jesu-Forschung*,
2ᵉ édit., Tubingue, 1906, p. 9.
(3) Années 1882 et 1883.
(4) *Theologisch Tijdschrift*, année 1887 ; *Protestantische Kirchen-
zeitung*, 1888.
(5) Amsterdam, 1886.
(6) Londres, 1887.
(7) Leipzig, 1897.
(8) Londres, 1903.

Mais eux non plus, — et c'est là un des grands arguments qu'on peut opposer à leur thèse audacieuse, — ils n'ont pas réussi à démontrer que le christianisme a pu naître sans recevoir l'impulsion directe et personnelle de Jésus. Pour eux comme pour Bruno Bauer, la religion chrétienne serait en partie le produit spontané de la philosophie gréco-romaine, et plus particulièrement du stoïcisme de Sénèque ; en partie le développement de la philosophie gréco-juive de Philon. La doctrine chrétienne se serait tout d'abord formée ; puis une association d'hommes acceptant cette doctrine ; en troisième lieu aurait paru le mythe de la personne de Jésus lui-même, créé au moyen de types qu'on aurait empruntés soit à l'Ancien Testament, soit au paganisme. Nous démontrerons ailleurs le néant de ces assertions hardies (1) ; il suffit pour le moment d'en prendre note, et d'indiquer de quelle manière elles se rattachent à la négation de l'existence de Jésus.

Le parti politique très avancé qui a pris en Allemagne le nom de *Sozialdemokraten* (2), et qui a déclaré aussi la guerre aux idées religieuses, a fait siennes les idées de Bruno Bauer. Quelques-uns de ses membres les plus influents s'en vont les exposer de ville en ville, en simples *dilettanti* et de la façon la plus superficielle. Des preuves ? Ils se gardent bien d'en donner. Après tout, disent-ils, ne sont-ce point là « des résultats acquis par la science » ? A défaut d'arguments, ils savent proférer l'insulte et le blasphème, et l'on ne se doute pas, en France, de la grossièreté des outrages qu'ils lancent contre la personne sacrée de Notre-Seigneur Jésus-Christ et contre son Église, dans leurs discours, ou en de nombreuses et ignobles brochures (3).

(1) Lorsque nous étudierons, dans la suite de nos *Problèmes évangéliques*, les fausses origines qu'on attribue de nos jours au christianisme.

(2) Les « socialistes-démocrates ».

(3) BEBEL, dans ses *Glossen zu Yves Guyot und Sigismond Lacroix's « die wahre Gestalt des Christentums »*, 1892, 3ᵉ édit, a osé dire : « La pourriture sociale de l'empire romain, tel fut le fumier sur lequel le christianisme dut prendre naissance. Le césarisme était le résultat nécessaire des contrastes matériels qui existaient dans la société ; le

IV. *Albert Kalthoff*. — Les choses en étaient là, et l'on continuait de faire peu de cas de ces boutades, traitées à bon droit de « démence » par la grande masse des théologiens allemands, lorsque parut, en 1902, la première des deux brochures sensationnelles de M. Albert Kalthoff, pasteur à Brême. Elle a pour titre : *Le problème qui concerne le Christ* (1), et pour sous-titre : « Lignes fondamentales d'une théologie sociale. » C'est qu'elle n'a pas seulement pour but de remettre sur le tapis, avec une violence qui atteint et dépasse parfois celle de Bruno Bauer, la question de l'existence personnelle de Jésus-Christ ; mais elle est encore destinée, dans l'intention de son auteur, à jeter les bases d'une « théologie sociale », qui résoudrait d'un seul coup toutes les difficultés soulevées de nos jours touchant les origines du christanisme.

M. Kalthoff appartenait autrefois au parti dit « libéral » des théologiens protestants ; il est devenu un théologien « social ». Il oppose la « théologie sociale » à celle qu'il nomme « individualiste ». Celle-ci se rattache finalement à une personne individuelle, Notre-Seigneur Jésus-Christ, qu'elle regarde, dans une mesure plus ou moins étendue, — suivant que ses adeptes sont catholiques, protestants, orthodoxes, rationalistes, — comme le fondateur du christianisme. Pour celle-là, la religion chrétienne ne provient nullement de l'influence exercée par tel ou tel héros, mais de grands mouvements populaires et sociaux qui se produisirent à l'époque où parut l'Eglise. Jésus, d'après cette théorie, ne serait donc pas autre chose qu'un *heros eponymos* qui, quelque temps après la naissance du christianisme, lui aurait été assigné comme fondateur.

Tel est, en résumé, le système de M. Kalthoff. Pour mieux l'apprécier, et en même temps pour voir jusqu'où

christianisme fut le résultat nécessaire de la situation morale qui résultait de ces contrastes matériels. » On nous assure qu'en certaines régions de la France, envahies davantage par le socialisme, les conférenciers du parti s'en vont, comme en Allemagne, proclamer que Jésus-Christ n'a pas existé.

(1) *Das Christus-Problem*, Leipzig, 1902. Une seconde édition a été publiée en 1903. Né en 1850, M. Kalthoff est mort le 1ᵉʳ mai 1906.

va la hardiesse des soi-disant « critiques », il est nécessaire de l'envisager de plus près, tel qu'il est exposé dans l'opuscule mentionné ci-dessus, puis dans une seconde brochure, *L'Origine du christianisme* (1), publiée un peu plus tard.

Que savons-nous de Jésus ? ou plutôt, savons-nous quelque chose de certain au sujet de Jésus ? Telle est la question que se pose M. Kalthoff ; et il répond sans hésiter : « Non, nous ne savons rien de certain sur Jésus. » Il expose alors brièvement « sa nouvelle méthode » historique et théologique, qui met en branle « les forces religieuses et sociales » de l'humanité, pour expliquer le problème des origines chrétiennes. « Le christianisme, dit-il, ne doit pas être traité comme une puissance qui plane au-dessus de l'homme, ni comme une apparition isolée, séparée de toutes les autres fonctions de la vie humaine ; mais il faut l'insérer dans l'ensemble du mouvement social et civilisateur des nations chrétiennes (2)... Le christianisme, en tant qu'il est une forme du développement de la vie sociale, ne doit pas être regardé comme l'œuvre d'un fondateur individuel de religion ; l'origine et la source du christianisme ne doivent pas être cherchées dans un Jésus historique, qui aurait existé au commencement du christianisme (3). » Et encore : « Pour faire dériver d'un Jésus (*sic*) un phénomène historique mondial tel qu'est le christianisme, » il faut « ne tenir aucun compte de la méthode appliquée de nos jours aux recherches historiques, de ses résultats les plus sûrs et de ses lois les plus élémentaires ; » il faut « continuer de vivre dans l'ancien culte des héros, dans la foi aux individus isolés demeurant les ressorts et les mobiles de l'histoire du monde, » tandis que la vraie méthode scientifique « recherche, dans la marche régulière de l'histoire comme partout ailleurs, des enchaînements intimes, et ne considère pas les individus comme des miracles tom-

---

(1) *Die Entstehung des Christentums ; neue Beiträge zum Christus-Probleme*, Leipzig, 1904.
(2) *Christus-Problem*, 2ᵉ édit., p. 12-13.
(3) *Entstehung des Christentums*, p. 3.

bés du ciel, mais comme les effets naturels de causes
naturelles, c'est-à-dire, de causes sociales. La foi au
héros isolé est l'ennemie mortelle de toute interprétation
scientifique de l'histoire (1). »

Au dire du pasteur de Brême, bien longtemps avant
l'apparition du christianisme, le culte des héros a occa-
sionné des erreurs historiques très grossières, et rattaché
des institutions célèbres à des noms qui ne représentent
que de vaines ombres. Ainsi, Moïse n'a jamais existé
non plus (2), et pourtant l'idée de synagogue a été
personnifiée en lui et dans son histoire. Le « serviteur
de Jéhovah, » si souvent mentionné dans les oracles
d'Isaïe (3), n'est qu'une personnification du peuple
théocratique, et nullement un individu réel. L'idée
du Messie, venue plus tard, figure de même, sous un
voile individuel, la nation juive tout entière. Jésus,
ou plutôt Jésus-*Christ*, n'est à son tour que la personnification de l'idée de l'Eglise.

Toutes ces erreurs proviendraient, en fin de compte,
de la réforme sociale tentée par les prophètes d'Israël.
Le *messianisme* introduit par eux dans la religion des
Hébreux est, nous assure-t-on, à la base de l'idée de
l'Eglise et de la personnification de Jésus.

Ce messianisme ne serait autre chose qu'une forme
religieuse du droit social (4). Le mouvement messianique a été produit par un élan démocratique, et même
communiste. La preuve en est, paraît-il, dans la secte
des Esséniens, dont les membres vivaient en commun
et pratiquaient un communisme religieux ; puis dans
la Gnose, où l'on en vint à condamner la propriété
privée et le mariage. Mais un autre mouvement qui eut
aussi son origine dans la classe prolétaire, eut au contraire pour résultat le « royaume de Dieu » réalisé.
c'est-à-dire l'organisation de l'Eglise. « Nous devons
donc considérer le christianisme comme un mouvement
social de grand, de très grand style, auquel un déploie-

____

(1) *Christus-Problem*, p. 26.
(2) *Christus-Problem*, p. 38.
(3) Dans la seconde partie, à partir du chapitre XL.
(4) *Christus-Problem*, p. 60.

L'EXISTENCE HISTORIQUE DE JÉSUS

ment des forces élémentaires, issu d'une classe d'hommes opprimés et qui tendaient à se délivrer, donna le branle, et qui, dans la suite, passa par une crise si puissante, que le résultat produit, l'Eglise catholique, apparaît au premier coup d'œil comme tout à fait l'opposé de son état premier, tandis que, pour un regard plus pénétrant, même à ce degré de développement, les forces qui ont produit à l'origine tout le mouvement sont encore très reconnaissables (1). »

Très reconnaissables ! Peut-être, pour des yeux organisés d'une façon particulière ou doués d'une merveilleuse puissance, et surtout pour une imagination qui fait de l'histoire tout ce qu'elle veut ; mais ces yeux-là sont rares, il faut le reconnaître, puisqu'il était réservé à M. Kalthoff de faire ces découvertes extraordinaires.

Comme on l'a vu, notre auteur remonte bien haut pour nier l'existence personnelle de Jésus-Christ, alors que, pensions-nous, il devait tout d'abord s'attaquer aux récits évangéliques pour arriver à son but. Il les attaque à leur tour, et il le fallait bien. Nous allons le suivre également sur ce terrain.

D'après lui, les évangiles doivent être précisément regardés comme des documents qui décrivent la lutte terrible qui aurait eu lieu, lorsque naquit l'Eglise, entre ces « deux pôles opposés : celui de la violence d'en haut (la violence des classes riches) et celui de la violence d'en bas (la violence des classes pauvres) ». On y aperçoit plus d'une fois « les traces des combats, des souffrances, des aspirations, et des espérances de l'Eglise en formation (2) ».

Par exemple, ne lisons-nous pas dans saint Luc, VI, 20, 24 : « Bienheureux les pauvres ; malheur à vous, riches » ? L'action d'amasser des trésors n'est-elle pas réprouvée comme un acte idolâtrique, et la sollicitude pour les biens de ce monde comme une disposition toute païenne (Matth., VI, 19 et ss.) ? Ce sont les petits et les humbles, non pas les grands et les puissants, qui sont les vrais citoyens du royaume des cieux, de

____

(1) *Christus-Problem*, p. 60-61.
(2) *Christus-Problem*, p. 62-63.

l'Eglise (1). Le baptême n'était pas autre chose que le symbole religieux de ces clubs communistes, comme il le fut plus tard pour le communisme radical des Anabaptistes. Les démoniaques sont simplement des « *messianistes* jetés dans une sorte d'ivresse apocalyptique par les idées révolutionnaires sociales ». L'Eglise, heureusement, rejeta de son sein cet élément mauvais, et beaucoup d'autres encore, qui constituaient pour elle un péril immense. Les paroles prêtées à Jésus sont de pures inventions, et un grand nombre d'entre elles portent pour ainsi dire au front la marque de leur origine ; celle, entre autres, qui ordonne de tout quitter pour suivre le Christ, comme aussi la parabole du pauvre Lazare et du mauvais riche, et les autres *logia* qui prêchent comme idéal de la vie chrétienne une vertu de cloître, une existence de cloître. Les faux messies mentionnés dans le premier évangile (Matth., XXIV, 24) sont de faux réformateurs sociaux ; Judas symbolise les délateurs vulgaires (2). Saint Matthieu, dans son évangile, attaque surtout la hiérarchie, tandis que saint Luc s'en prend aux capitalistes ; saint Marc représente le côté religieux du mouvement social qui aboutit au christianisme, et saint Jean son caractère irrésistible.

Evidemment, les évangiles ne sont pas authentiques, et leur composition ne remonte pas au delà du règne de Trajan (88-117 après Jésus-Christ). M. Kalthoff ne se lasse pas de répéter qu'ils sont les sources, non pas de l'histoire d'un individu isolé, mais d'un mouvement social, duquel est sorti le christianisme. S'ils renferment çà et là quelques dates, s'ils localisent les faits en Palestine, cette chronologie et cette géographie sont visiblement faussées et n'ont pas d'autre but que de « servir de cadre » à l'histoire de l'Eglise primitive. racontée sous le voile de l'histoire de Jésus (3). Saint Pierre n'a jamais existé · il est la personnification de la chrétienté romaine et de sa tendance à tout envahir, à tout centraliser dès le début ; son nom symbolique dé-

---

(1) M. Kalthoff cite I Cor., I, 26, 30, et Jac., II, 1 et ss.
(2) *Christus-Problem*, p. 78.
(3) *Christus-Problem*, p. 40 et ss.

signe le « rocher », le fondement solide sur lequel cette chrétienté se croyait bâtie (1). C'est de Rome que partent ces « projections » chronologiques, géographiques, historiques et autres, qui visent à rendre vraisemblable l'existence personnelle de Jésus. Les évangiles décrivent d'ailleurs un état social qui ne saurait convenir à la Palestine, mais qui « ne peut s'appliquer qu'aux mouvements agraires de l'Italie, au temps des empereurs romains (2). »

M. Kalthoff suit tout du long sa théorie, d'après laquelle les évangiles doivent être envisagés comme des écrits apocalyptiques, dont le rôle était de « créer des personnifications ». La principale de toutes est celle de Jésus.

Mais les évangiles ne sont pas seuls à démontrer que Jésus n'est qu'un personnage fictif ; d'autres parties du Nouveau Testament, surtout la première épître de saint Jean, les lettres de saint Paul aux Corinthiens, aux Éphésiens et aux Colossiens, puis les écrits des Pères apostoliques, et aussi les peintures des catacombes, ne peuvent convenir qu'à un être idéal, qui n'a jamais existé. Notons ce trait spécial : « Le Bon Pasteur, tel qu'il revient régulièrement (sur les fresques des catacombes), jeune homme imberbe, presque un enfant, ne saurait en aucune façon représenter un Jésus historique, le fils du charpentier de Nazareth... L'image symbolise plutôt la jeune chrétienté, qui... porte les faibles et conduit les égarés (3). » Quant aux peintures qui semblent rappeler l'institution de l'Eucharistie, elles ne s'appliquent pas non plus à un être individuel : « l'Église, en tant que corps du Christ, se symbolise elle-même dans le pain et le vin (4). »

Nulle part donc, soit dans les évangiles, soit dans les autres livres du Nouveau Testament, soit dans ce qu'on avait regardé jusqu'ici comme les premiers éléments, très riches et très purs, de la tradition chrétienne, on

______

(1) *Christus-Problem*, 50-51.
(2) *Ibid.*, p. 55.
(3) *Christus-Problem*, p. 46.
(4) *Ibid.*, p. 49.

ne rencontre le moindre détail qui désigne réellement un personnage historique. Même dans le récit, pourtant bien vivant, bien individuel, des scènes de la passion du Christ, « il s'agit d'une description apocalyptique de la persécution déchaînée sous Trajan. Les victimes de cette persécution étaient pour le mouvement messianique un agneau pascal, un sacrifice d'alliance et de délivrance (1). »

La conscience qu'avait l'Eglise d'être elle-même le Fils de Dieu, divin et humain tout ensemble, rendit pendant longtemps les hommes heureux, en leur inspirant de l'espoir pour l'avenir et en les faisant sortir de leur angoisse présente. Mais l'Eglise n'a pas tenu ses promesses ; et un autre Fils de Dieu, sécularisé, vraiment social, — puisqu'il n'est autre que l'humanité nouvelle, l'homme idéal autonome, — est sur le point de prendre sa place.

Dans son second opuscule, *L'Origine du Christianisme*, M. Kalthoff affirme de nouveau qu' « on ne peut tirer aucun bénéfice des évangiles pour l'histoire de la vie de Jésus (2), » que « le christianisme, en tant qu'il est... une forme de développement de la vie sociale, ne doit pas être regardé comme l'œuvre d'un fondateur individuel (3), » qu'il n'y a pas eu de « Jésus historique » au début de la société chrétienne, que les évangiles et les épîtres de saint Paul ne parlent pas d'un Jésus individuel, personnel, mais d'un homme-Dieu, c'est-à-dire, d'une idée personnifiée. Toutefois, il glisse assez rapidement sur ces affirmations, qu'il croit avoir démontrées jusqu'à l'évidence dans son précédent ouvrage ; il insiste, au contraire, sur la manière dont se serait formé le christianisme. Dans six chapitres, dont les titres marquent à eux seuls la tendance — « l'histoire préliminaire du christianisme dans l'Empire romain, dans la philosophie grecque, dans le judaïsme ; les clubs communistes ; l'organisation de la communauté chrétienne ; l'Eglise chrétienne, » — il précise et déve-

(1) *Christus-Problem*, p. 47.
(2) *Entstehung des Christentums*, p. 1.
(3) *Ibid.*, page 3.

loppe ce qu'il avait déjà dit à ce sujet. Trois « facteurs » principaux ont contribué, en s'associant et en se combinant, à donner naissance à l'Eglise : les aspirations communistes du prolétariat romain, la philosophie grecque, la croyance des Juifs à un Messie libérateur. Le premier de ces trois éléments a dominé à Rome ; le second, en Asie et en Grèce ; le troisième, en Judée. Mais ils ont coexisté partout simultanément. Le christianisme est donc le résultat naturel de forces aveugles ; il est né par suite d'un embrasement spontané, lorsque les matières inflammables, religieuses ou sociales, qui s'étaient accumulées dans l'Etat romain, entrèrent en contact avec les espérances messianiques des Juifs. Jésus, alors même que son existence serait certaine, n'a pas eu à fonder l'Eglise, car elle s'est formée et développée spontanément, par suite des circonstances économiques, politiques et religieuses de l'époque ; elle était devenue une nécessité (1). Mais Jésus n'a pas existé. Dans les clubs sociaux d'alors, on prenait pour patron une divinité, ou un héros, comme Cérès, Bacchus, Esculape, etc. Le Christ, nommé ensuite Jésus ou Sauveur lorsqu'on lui créa une personnalité, a été à son tour le patron des premières associations chrétiennes ; « mais le Christ n'est point un personnage historique, Jésus non plus. Un Fils de Dieu ne saurait avoir été un homme ordinaire... Il lui a été plus impossible encore d'être une personnalité historique ; autrement, la Vierge n'aurait pas pu lui être donnée pour mère, ni le Saint-Esprit pour père (2). » Ces termes de Christ et de Fils de Dieu sont donc génériques ; ils désignent en réalité la société chrétienne.

M. Kalthoff a la confiance que sa théorie rendra l'évangile du Christ clair et intelligible à tous, et qu'elle en fera disparaître tout ce qu'il contient de choquant pour la pensée contemporaine. Bien plus, à l'en croire, il se serait proposé, en la publiant, d' « exciter un nouvel intérêt et même un nouvel amour pour notre passé chrétien (3) ». D'ailleurs, il prétend être encore

(1) *Entstehung des Christentums*, p. 91.
(2) *Ibid.*, p. 150.
(3) *Christus-Problem*, p. 6.

un homme religieux, quoiqu'on se demande, en parcourant les discours ou les études qu'il a publiés naguère sur des thèmes religieux (1), quel peut bien être l'objet de la religion qu'il prêche et qu'il pratique actuellement (2). Il n'a cependant pas toujours été sceptique à l'égard de Notre-Seigneur Jésus-Christ. Le temps n'est pas très éloigné où il donnait de vive voix, et publiait ensuite, sur la Vie de Jésus, des conférences (3) dans lesquelles il acceptait sans hésiter « les résultats généralement admis par la théologie contemporaine ». Mais, depuis, il s'est posé en adversaire personnel de Jésus, et il ose parler de lui avec la haine des apostats et des fanatiques. Les formules « un Jésus, un certain Jésus, l'homme Jésus, l'individu Jésus, » etc., reviennent fréquemment sous sa plume audacieuse (4).

Avant de mourir, il a pu se rendre compte qu'il était loin d'avoir atteint son but, tant l'opposition soulevée par ses écrits a été prompte, vive et ardente. Son ton âpre, acerbe, prétentieux (5), les traits brûlants qu'il décoche à toute occasion contre les théologiens protestants, en particulier le caractère « monstrueux » de sa thèse et la faiblesse de ses preuves, ont soulevé contre lui de nombreux adversaires, non seulement parmi les théologiens orthodoxes, mais aussi dans les rangs des critiques les plus avancés. S'il a reçu quelques rares

---

(1) *Religiöse Weltanschauung*, Leipzig, 1903 ; *Zarathustrapredigten*, Leipzig, 1904 ; *Religion der Moderne*, Leipzig, 1905.

(2) Dans les *Zarathustrapredigten*, on trouve, à la page 170, cette définition de Dieu : « C'est le génie créateur dans l'âme humaine. » Dans l'ouvrage *Religion der Moderne*, la religion se compose de toute sorte d'éléments : la recherche de la vérité, l'art, la nature, la politique démocratique, l'amour sensuel, la science, l'organisation sociale, l'égoïsme, — de tout, on le voit, excepté la foi en Dieu. Dans un volume d'*Essais* qui a paru la veille de sa mort, M. Kalthoff s'oublie au point de dire qu'« il faut mettre à la place de l'Evangile l'Olympe et la déification de la nature ».

(3) *Das Leben Jesu, Reden gehalten im protestantischen Reformverein zu Berlin*, Berlin, 1880.

(4) On a pu écrire que « Kalthoff haïssait Jésus comme Luther haïssait le pape ». BURGRAFF, *Was nun ?* Brême, 1906, p. 2.

(5) Aigri par la vivacité des ripostes, il se montre encore plus trivial et vulgaire dans son second opuscule que dans le premier. Quant à sa brochure *Was wissen wir von Jesus ?* Berlin, 1904, elle dépasse toute mesure sous ce rapport ; c'est un pamphlet où M. Kalthoff ne craint pas d'employer le langage de la rue contre ses adversaires.

adhésions (1), il a vu se lever immédiatement contre lui, surtout dans le camp libéral auquel il avait porté lui-même de rudes coups, une légion de contradicteurs. Pendant deux ans, l'Allemagne a retenti des cris des combattants.

La critique a spécialement porté sur ces trois points : l'interprétation de l'histoire par M. Kalthoff, la logique de son argumentation, sa méthode exégétique. Presque unanimement, on a formulé contre lui, à ce triple point de vue, des accusations aussi graves que justifiées.

L'histoire, telle qu'il la présente, n'est plus de l'histoire, mais un travestissement, souvent très odieux, des faits les plus simples. Avec une parfaite ironie, M. A. Schweitzer (2) lui laisse « la responsabilité de ce qu'il sait (et de ce qu'il affirme) sur la situation intérieure de l'Empire romain, et en particulier sur l'organisation du prolétariat, vers l'époque de Trajan ».

Point très spécial : comment peut-il mettre en relations le messianisme juif et le prolétariat romain ? Quand même il existerait pour certains traits — ce qui n'est nullement prouvé — quelque ressemblance extérieure entre les anciennes associations cultuelles des païens et les premières communautés chrétiennes, cela ne supposerait pas le moins du monde un lien de parenté. L'ethnographie et l'histoire de la religion manifestent souvent des phénomènes parallèles très surprenants, produits à des distances géographiques tellement grandes, qu'il ne saurait être question de dépendance réciproque. Il n'est pas moins faux de prétendre que tout est évolution naturelle dans le cours de l'histoire, que les agents sociaux ont une puissance irrésistible, que les faits et les idées méritent seuls notre attention, que les individualités ne comptent pour rien ; il est démontré, au contraire, par l'expérience de siècles nombreux, que les grands hommes jouent un rôle très important dans l'histoire, et qu'ils sont une des conditions du progrès de l'humanité. Et

____

(1) Entre autres, celles du pasteur Steudel, dans la revue *Das freie Wort*, Francfort-sur-le-Mein, 1903, p. 596 et ss., et de C. Promus, dans l'opuscule *Entstehung des Christentums*, Leipzig, 1905.
(2) *Von Reimarus zu Wrede*, p. 314.

puis, nulle part, dans l'histoire des origines du christianisme, n'apparaissent ces fermentations sociales, ces forces aveugles desquelles il plaît à M. Kalthoff de le faire naître. Lorsque notre auteur affirme que le messianisme juif, la philosophie grecque, l'état social de l'Empire romain, les aspirations des déshérités à l'air et à la lumière, l'organisation et les tendances des associations religieuses chez les Grecs, etc., seraient les vrais « facteurs » de Jésus-Christ, il énumère toute une série d'impossibilités sous le rapport historique. C'est comme s'il alignait des zéros à la suite les uns des autres ; jamais il ne réussira à leur faire produire une seule unité.

Le logicien, on l'a vu, est à la hauteur de l'historien. Les contradicteurs du pasteur brémois ne se rendent certainement pas coupables d'injustice, lorsqu'ils protestent contre « l'arbitraire sans pareil » de ses raisonnements et de ses conclusions, contre ses audacieux coups de force et ses assertions sans preuve ; or, surtout en pareille matière, « on n'a pas le droit d'affirmer sans prouver ». Son argumentation est tellement compliquée, qu'on l'a comparée à une « tourbière dans laquelle le lecteur ordinaire s'embourbe et se perd sans ressources (1). » On a dit encore que, par ses théories, « il fait dans le domaine des airs des excursions qui se terminent habituellement par une chute déplorable, » qu'il écrit « non pas comme un calme chercheur qui s'inquiète surtout de la vérité, mais comme un homme de parti » ; aussi, ajoute-t-on sans pitié, ce qui dans ses écrits « résiste à un examen sérieux est bien peu de chose, à côté des nombreux détails qui ne peuvent satisfaire que le lecteur superficiel et ignorant (2) ».

M. Kalthoff n'a pas été jugé avec moins de sévérité comme exégète. En fait, si quelqu'un se permettait d'interpréter les classiques grecs et latins d'après les principes d'herméneutique dont il se sert pour expliquer les saints Livres, on protesterait de toutes parts. Sa science exégétique a été comparée à celle d'un *dilettante*, et elle

____

(1) A. Schweitzer, *Von Reimarus zu Wrede*, p. 313.
(2) M. Steck, dans les *Protestantische Monatshefte*, t. VIII, n. 8, p. 295-296.

ne mérite pas d'autre nom. Que sont devenus les évangiles entre ses mains ? Ses interprétations allégoriques de nombreux passages (1) feraient croire que l'exégèse n'a pas fait un seul progrès depuis Philon et Origène ; encore donnerait-il des leçons sur ce point à ces maîtres. Bref, tous les critiques sont d'accord pour dire qu'il n'a pas démontré sa thèse.

V. *W.-B. Smith et P. Jensens.* — Parmi ceux qui ont jeté le plus récemment des doutes sur l'existence historique de Notre-Seigneur, MM. W.-B. Smith et P. Jensens méritent une mention à part. Aucun d'eux n'est théologien ou exégète de profession ; ce n'est que par occasion qu'ils se sont occupés des questions bibliques, et d'emblée ils se sont placés, sur le domaine des évangiles, tout à fait à l'extrême-gauche du parti qui se nomme « critique ».

M. William-Benjamin Smith est professeur de mathématiques en Amérique. Le volume qu'il publiait naguère en allemand, sous ce titre : « Le Jésus antérieur au christianisme (2), » est muni d'une introduction composée par M. P. W. Schmiedel, qui appartient lui-même à l'école exégétique rationaliste. Ce dernier s'excuse presque de son rôle de parrain littéraire, et ne promet point de ne pas attaquer bientôt les théories de M. Smith.

La première dissertation de M. Smith est la principale au point de vue qui nous occupe. Elle contient tout son système, et montre en même temps les procédés dont il use pour faire dire aux textes tout ce qu'il veut. Il prend comme point de départ la locution grecque τὰ περὶ τοῦ Ἰησοῦ (3), employée quatre fois dans le Nouveau Testament : Marc., v, 27 ; Luc., xxiv, 19 ; Act., xviii, 25 et xxviii, 31. C'est le troisième de ces passages qui a le plus d'importance pour lui. Il y est question du célèbre Apollos, ce Juif converti, qui manifesta un si beau zèle comme missionnaire. Tout

<hr>

(1) Voir les pages 18-20.
(2) *Der vorchristliche Jesus, nebst weiteren Vorstudien zur Entstehungsgeschichte des Urchristentums,* Giessen, 1906.
(3) A la lettre : les choses relatives à Jésus.

d'abord, il est dit de lui : « Il avait été instruit dans la voie du Seigneur (1), et fervent d'esprit, il parlait, et enseignait avec soin *ce qui concernait Jésus* ; mais il ne connaissait que le baptême de Jean. » Rien de plus simple pour la presque unanimité des interprètes : Apollos n'avait reçu d'abord qu'une instruction chrétienne très imparfaite ; néanmoins, ce qu'il savait de Jésus et de la religion fondée par lui l'avait tellement séduit, qu'il en parlait à toute occasion et faisait un admirable prosélytisme. Rien de moins simple, au contraire, pour M. Smith : « Il est clair, comme le soleil en plein midi, s'écrie-t-il (2), que l'expression τὰ περὶ τοῦ Ἰησοῦ ne peut avoir ici la moindre relation avec l'histoire de Jésus ; elle désigne plutôt l'enseignement relatif à Jésus. » La nuance paraît bien innocente à première vue ; mais, si nous passons à la page suivante, nous verrons qu'elle contient en germe toute la théorie négative de M. Smith : « Primitivement les mots τὰ περὶ τοῦ Ἰησοῦ désignaient une doctrine relative à Jésus, ...une doctrine qui *manifestement* précéda l'histoire évangélique de la vie et de la mort de Jésus, et qui *certainement* ne la renfermait pas et ne l'utilisait pas. » Nous avons souligné deux adverbes qui ne nous paraissent guère sortir des prémisses. Pour un professeur de mathématiques, le procédé est au moins singulier.

De ce qu'Apollos, lorsqu'il commença à se faire le prédicateur de Jésus-Christ, avait seulement reçu le baptême de Jean, est-il permis de conclure qu'il ne savait rien de la personne de Jésus et qu'il ignorait jusqu'à son existence ? Surtout, est-il permis de généraliser davantage encore, et de tirer cette autre conclusion (3) : « La tentative faite en vue de rattacher l'origine du christianisme à un homme doit échouer perpétuellement, car le Jésus-Christ du christianisme primitif ne fut pas de nature humaine, mais de nature divine ; ce fut le Roi des rois, le Seigneur des seigneurs, le Sauveur, le libérateur, le Dieu protecteur. » Ce qui

(1) Dans la doctrine chrétienne.
(2) Page 8.
(3) Page 41.

revient à dire, dans la pensée de M. Smith, que Jésus-Christ n'est pas autre chose qu'une idée, qu'un être abstrait, qui n'a jamais eu d'existence personnelle.

Ses autres dissertations abondent en tours de force exégétiques, critiques et historiques du même genre. Laissons-les.

M. P. Jensens est professeur d'assyriologie à l'Université de Marbourg. Dans un très récent ouvrage, *L'épopée de Gilgamesch dans la littérature du monde*(1), dont le premier volume a seul paru, il se propose d'étudier « les origines de la légende de l'Ancien Testament par rapport aux patriarches, aux prophètes et aux libérateurs d'Israël, et aussi la légende du Nouveau Testament relative à Jésus. » Cela promet. M. Jensens dissimule moins sa pensée, dès l'abord, que M. Smith, bien qu'il n'en soit, lui aussi, qu'aux préliminaires.

Dans sa préface, il nous fait quelques confidences intéressantes. Il ne s'est aventuré, dit-il, qu'avec une certaine réserve — certes, on ne le soupçonnerait pas! — sur ce terrain peu connu de lui, et il a été fort mal accueilli par les « sages » auxquels il communiquait les résultats de ses recherches. Mais il ne s'est pas laissé décourager, et il a continué son chemin. Dans ce gros volume de xviii-1030 pages in-8°, il nous fait part de ses singulières découvertes.

Sa théorie n'est pas absolument nouvelle. Elle consiste à chercher, et à trouver — on trouve toujours, quand on cherche avec une opinion préconçue — dans l'histoire, dans les mœurs, dans la religion des Babyloniens les bases générales et aussi les détails particuliers de la religion soit des Hébreux, soit des chrétiens. D'autres l'avaient déjà proposée, mais avec une certaine modération, sauf M. Gunkel, qui, dans plusieurs écrits (2), a publié des découvertes analogues, également très hardies en ce qui concerne Jésus-Christ et la religion chrétienne.

(1) *Der Gilgamesch-Epos in der Weltliteratur*, Strasbourg, 1906.
(2) Notamment dans sa récente brochure *Zum religionsgeschichtlichen Verständnis des Neuen Testaments*, Göttingen, 1903.

Est-il arrivé à quelqu'un de nos lecteurs de jeter un coup d'œil sur la *Demonstratio Evangelica*, traité célèbre en son temps, de Huet, évêque d'Avranches (1) ? Ce savant théologien, très original, mais qui ne brillait point par l'esprit critique, prétendait retrouver Moïse, son histoire et ses écrits chez tous les anciens littérateurs et dans toutes les divinités du paganisme. Contentez-vous de parcourir sa table des matières, et vous y verrez des constatations surprenantes. Il s'agit de démontrer l'authenticité du Pentateuque. L'auteur la prouve d'abord *aliorum scriptorum testimoniis*, et ces témoignages ne sont nullement ceux des prophètes, des poëtes et des historiens de l'Ancien Testament, comme on s'y attendrait, mais ceux de Sanchoniaton, d'Homère, d'Hésiode, de Solon, de Pythagore, d'Anaxagore, de Socrate, de Platon, d'Aristote, de Bérose, de Manéthon, de Diodore de Sicile, de Juvénal, de Plutarque, de Tacite, de Longin et de trente autres écrivains païens. Le second argument est plus étonnant encore : « Presque toute la théologie païenne dérive de Moïse, ou des actes et des écrits de Moïse. » Les titres suivants ne frappent pas moins l'esprit que les yeux : *Adonis idem ac Moses, Thammuz idem ac Moses...* Et de même Thoth, Apis, Anubis en Egypte ; Zoroastre chez les Perses ; Apollon, Pan, Priape, Esculape, Prométhée, Orphée, Amphion, etc., chez les Grecs ; Janus, Faune, les dieux Pénates et les dieux Lares, etc., chez les Romains. De tous et de chacun il est dit : *Idem ac Moses*. En résumé, comme nous lisons en tête du chapitre xi, relatif aux écrits de Moïse, *Fabulares omnes dii, omnes iidemque sunt, nempe Moses.* Quant aux déesses, elles représentent toutes la femme de Moïse, Séphora, et aussi plus ou moins Marie, la sœur du grand homme.

Le raisonnement est étrange ; les preuves de détail le sont encore davantage. Prenez maintenant le gros volume de M. Jensens, et vous trouverez une thèse analogue, mais tout au rebours. Les « légendes de l'An-

(1) Nous avons sous les yeux la troisième édition, *ab auctore recognita, castigata et amplificata ;* Paris, 1690, in-fol. de xviii-824 p.

cien Testament » et la « légende de Jésus » ont leur source visible, palpable, évidente, dans l'épopée du héros babylonien *Gilgamesch* et de son ami *Eabani*. L'histoire des patriarches, celle de Moïse et de son frère Aaron, celle des prophètes israélites, celle des rois juifs, etc., l'histoire même de Jésus-Chrit, tout est emprunté à la biographie antique de Gilgamesch. La logique de M. Jensens vaut celle de Huet ; elle la dépasse même fréquemment par la hardiesse des conclusions (1).

Nous n'avons pas à réfuter une théorie dont l'imagination a fait tous les frais. Nous nous contenterons de citer la dernière page (2) du professeur de Marbourg, car elle se rapporte directement à la question que nous traitons ici même. « Le sol s'enfonce sous nos pas d'une manière angoissante. Qui pourra le retenir ? Oui, Jésus de Nazareth, auquel une chrétienté croit comme au Fils de Dieu et au rédempteur du monde depuis au moins deux mille ans, mais peut-être depuis un temps beaucoup plus long, et dans lequel la science contemporaine la plus avancée voit encore tout au moins un grand homme, qui autrefois a vécu et est mort sur la terre comme un modèle sublime, ce Jésus n'a jamais vécu sur cette terre, n'est jamais mort sur cette terre, car il n'est pas autre chose qu'un *Gilgamesch* israélite, pas autre chose qu'un pendant d'Abraham, de Moïse et d'autres figures innombrables. Comme jadis les Babyloniens dans leur Gilgamesch, de même la chrétienté honore dans son Jésus — en partie — un soleil qui disparaît dans le brouillard et qui s'éteint pour l'œil humain, savoir, notre grand et magnifique soleil, le même soleil qui, il y a de nombreux milliers d'années, s'élevait et se couchait au ciel babylonien avec une splendeur éclatante et une vivante majesté, et qui, dans le pays babylonien, arrachait au roi et au peuple des hommages d'adoration et un culte reconnaissant. Nous, les enfants d'une époque très vantée pour ses merveilleuses conquêtes civi-

_____

(1) Elle vaut aussi celle de Dupuis, qui voyait pareillement en Jésus le dieu Soleil (p. 7-8).

(2) *Op. cit.*, p. 1029-1030.

lisatrices, nous qui volontiers contemplons avec un dédaigneux sourire la foi et les coutumes des peuples de l'antiquité, nous honorons dans nos cathédrales et dans nos maisons de prière, dans nos églises et nos écoles, dans les palais et dans les chaumières, un dieu babylonien, des dieux babyloniens ! »

Dans sa préface (1), M. Jensens avoue ingénument qu'il possède une imagination très puissante, qui pourrait bien « avoir quelquefois rompu les chaînes d'une logique rigide ». Ce *quelquefois* est par trop modeste.

(1) Page IX.

CHAPITRE III

Preuves irrécusables de l'existence personnelle
de Jésus-Christ.

Voilà donc ce qui a été dit de plus fort, et, s'il est possible d'employer ici une telle expression, de plus scientifique, contre l'existence personnelle de Notre-Seigneur Jésus-Christ.

En temps ordinaire, en pays catholique surtout, on ne s'arrêterait guère à réfuter de tels arguments et de telles objections : on traiterait MM. Kalthoff, Smith, Jensens, comme on a traité autrefois Bruno Bauer, et l'on dirait avec Dante : *Si guarda e passa*, « On regarde et l'on passe » ; ou bien, avec un vénérable et savant théologien, auquel celui qui écrit ces lignes exposait ces théories « monstrueuses » : « C'est comme si l'on prétendait que César n'a jamais existé. » La réflexion est tout à fait juste. Seulement, Jésus-Christ est le fondateur du christianisme, que l'on voudrait détruire par la base et faire rentrer dans le néant avec Jésus lui-même. A César ne se rattache qu'un intérêt historique, et personne ne pense à nier son existence ; à Jésus se rattache un intérêt religieux avant tout, et les ennemis de la religion révélée, de l'Eglise, ont recours à ce procédé radical, pour le faire disparaître, s'ils le pouvaient. A cette époque de négation, il importe donc de faire un examen historique rapide, pour démontrer sur quels fondements solides s'appuie notre foi en l'existence individuelle de Jésus. « Le Christ historique, comme on l'a dit, porte tout le christianisme » : par quelles preuves vraiment scientifiques démontrerons-nous donc que le Christ a existé ?

Comme le disait naguère M. von Soden, l'un des membres dirigeants de l'école protestante libérale,

« douter radicalement de l'existence de traditions certaines, pleinement suffisantes pour nous permettre de prendre un parti au sujet de l'apparition (historique) de Jésus » serait agir « d'une manière partiale, opposée à la science (1) ». Or, ces traditions consistent : dans le témoignage des auteurs païens et juifs ; dans le témoignage des écrivains sacrés, envisagés seulement comme des historiens honnêtes et dignes de foi ; dans le fait de l'existence dix-neuf fois séculaire du christianisme, et dans l'impossibilité où l'on est d'expliquer ce fait sans un Christ individuel auquel il se rattache intimement.

§ I. — *Le témoignage des écrivains païens.*

Notons d'abord que nous n'en avons pas un besoin absolu, car les documents évangéliques et inspirés nous suffisent amplement. Toutefois, puisque nos adversaires contestent l'authenticité et la crédibilité des livres du Nouveau Testament, il n'est pas tout à fait inutile d'avoir à notre disposition d'autres sources historiques, très anciennes aussi et entièrement indépendantes, qui parlent de Jésus et de l'impression produite par lui.

Nous pouvons d'abord alléguer trois témoignages qui remontent au commencement du II\ siècle : ceux de Pline le Jeune, de Tacite et de Suétone. Certes, ce ne sont pas de tels écrivains, imbus de mille préjugés contre les chrétiens, qui peindront Jésus sous des couleurs idéales. Mais nous ne leur demandons ici qu'une seule chose : l'ont-ils connu ? son existence était-elle pour eux un fait certain ?

1° *Le témoignage de Pline le Jeune.* — Les célèbres apologistes saint Justin et Tertullien affirmaient, celui-là au II\ siècle, celui-ci au III\ (2), qu'il existait dans les archives de Rome un document de Pilate, attestant la condamnation et le crucifiement de Jésus-Christ. Il n'est guère vraisemblable qu'ils eussent vu de leurs propres yeux ce rapport ; ils supposaient simplement, et sans

_____

(1) *Die wichtigsten Fragen im Leben Jesu.* Berlin, 1904, p. 64.
(2) Saint Justin. *Apologia.* I, 35 ; Tertullien. *Apologia,* v, 21.

doute avec raison, son existence. Quoi qu'il en soit, il est perdu pour nous.

Voici du moins un personnage politique très haut placé, chargé par un empereur romain de faire une enquête sur les chrétiens, et qui rend compte à son maître de cette enquête, entreprise et poursuivie, sinon avec beaucoup d'intelligence, tout au moins d'une manière très consciencieuse. Pouvons-nous désirer quelque chose de plus officiel ?

Il s'agit de Plinius Cæcilius, plus connu sous le nom de Pline le Jeune, neveu de Pline l'Ancien. Né en 61 ou 62 de notre ère, il était déjà fonctionnaire impérial sous le règne de Domitien, Consul sous Trajan (l'an 100), il eut la bonne fortune de devenir l'ami intime de ce prince, qui l'envoya en Bithynie avec le titre de *legatus Cæsaris*. Il exerça cette importante fonction entre les années 111 et 113. La diffusion du christianisme avait été très rapide en Bithynie, et la religion de Jésus faisait le plus grand tort au culte païen, qui perdait chaque jour des adhérents. Inquiet de cet état de choses, le légat prit des informations sérieuses sur les chrétiens, sur leurs rites religieux, sur leurs mœurs. Le célèbre rapport qu'il adressa ensuite à Trajan (1) et la brève réponse de l'empereur (2) nous fournissent des renseignements officiels très intéressants sur la situation des Eglises chrétiennes en Bithynie, au commencement du IIe siècle.

Nous nous bornerons à relever les traits suivants : 1° Les chrétiens étaient si nombreux en Bithynie, que les temples païens commençaient à devenir déserts, et que les solennités célébrées en l'honneur des faux dieux avaient été en partie abandonnées (3). 2° Quelques-uns d'entre eux appartenaient au christianisme depuis vingt ans et plus. 3° Leur culte était parfaitement organisé ; ils se réunissaient le matin, à jour fixe, pour le célébrer. Le Christ en était le centre, et ils chantaient en son honneur des cantiques qui lui attribuaient la

<hr>

(1) Voir le livre X des lettres de Pline le Jeune, *Epist.* 97 ; édit. Lemaire, Paris, 1823, p. 197-201.

(2) *Ibid.*, p. 201.

(3) *Prope jam desolata templa.... ; sacra solemnia diu intermissa.*

nature divine : *Adfirmabant autem... quod essent soliti stato die ante lucem convenire; carmenque Christo, quasi Deo, dicere secum invicem.*

Ce dernier trait est évidemment le plus essentiel de tous, car il prouve qu'à cette époque, comme durant l'âge apostolique, comme aujourd'hui, les chrétiens croyaient à la divinité de Jésus-Christ. Il est vrai qu'un certain nombre de critiques rationalistes ont essayé d'affaiblir le plus possible le sens des mots *quasi Deo*, qui exprimeraient, d'après eux, non pas le sentiment des chrétiens par rapport à Jésus-Christ, mais celui du gouverneur de Bithynie. Ce dernier n'aurait pas voulu dire que les partisans du Christ lui rendaient les honneurs divins et le regardaient comme un Dieu, mais qu'il lui avait paru à lui-même que leurs chants étaient de ceux qui conviennent à la divinité. On a également proposé de traduire : « Comme à un prétendu Dieu. » Mais ces interprétations ont contre elles non seulement le sens naturel du passage en question, mais aussi le but que Pline se proposait dans sa lettre à Trajan. Avant tout, le légat désirait savoir quelle conduite il devait tenir à l'égard des chrétiens. Pour cela, il était nécessaire qu'il exposât clairement à l'empereur quelles étaient leurs pratiques religieuses et morales, telles qu'il les connaissait par les interrogatoires qu'il leur avait fait subir. Ce sont donc leurs propres sentiments, et non pas les siens, qu'il devait faire connaître à Trajan. Le Christ auquel les chrétiens de Bithynie offraient leurs hommages d'adoration au début du II° siècle, et plus de vingt ans auparavant, ne diffère donc pas de Jésus, que les évangiles nous présentent comme réunissant en lui la nature divine et la nature humaine.

On a essayé, d'une façon plus radicale encore, de ruiner l'autorité du témoignage de Pline. Bruno Bauer a prétendu que nous n'avons pas le rapport du gouverneur de Bithynie sous sa forme primitive ; il aurait été remanié par les chrétiens, desquels il tiendrait sa forme actuelle (1). Et la preuve ? Pas d'autre que la suivante : Is cui prodest, fecit. Dans la première édition de son

(1) Voir A. Schweitzer, *Von Reimarus zu Wrede*, p. 156.

Histoire des persécutions de l'Eglise jusqu'à la fin des Antonins, un de nos compatriotes, M. Aubé, a attaqué à son tour l'authenticité de la lettre de Pline ; mais il a soulevé une telle levée de boucliers, et on lui a opposé des preuves si sérieuses (1), que dans l'édition suivante (2), il reconnaît qu' « après de nouvelles et sérieuses recherches », il s'arrête, « en dernière analyse », à regarder la lettre comme « pleinement authentique », et à la « recevoir dans son intégrité ». Il ne découvre, « en effet, dans cette lettre, aucune sentence, nul point où se trahisse et puisse se prendre sur le fait la main d'un faussaire ». Quant au style, il n'a « nulle partie dissonante, il est du meilleur Pline ». Il est donc inutile que nous insistions sur un point définitivement jugé par nos adversaires eux-mêmes.

2° *Le témoignage de Tacite*, quoique postérieur de quelques années à celui de Pline le Jeune, nous fait contempler les chrétiens beaucoup plus tôt, sous le règne même de Néron (54-68 ap. J.-C.). Ce grand et grave historien, qui suit toujours les meilleurs documents et qui fait preuve d'une critique sévère, naquit l'an 55 de notre ère, et mourut en 120, après avoir exercé, lui aussi, des fonctions administratives sous Trajan. Entre les années 115 et 117, il publia le célèbre volume de ses *Annales*, dans lequel il raconte, avec une concision et une précision remarquables, les principaux événements du règne de quatre empereurs romains : Tibère, Caligula, Claude et Néron (14-68 ap. J.-C.). Aucun ouvrage ancien ne décrit mieux cette sinistre période de l'empire. C'est là que Tacite consacre quelques lignes à Jésus-Christ et au christianisme, à propos du terrible incendie qui consuma une partie considérable de Rome, en 64. Néron était lui-même le

(1) Voir les comptes rendus de E. RENAN, dans le *Journal des savants*, 1876, numéros de novembre et décembre ; de M. Gaston BOISSIER, dans la *Revue archéologique*, février 1876, et dans la *Revue des Deux Mondes*, 15 avril 1876, et aussi Paul ALLARD, *Histoire des persécutions pendant les deux premiers siècles, d'après les documents archéologiques*, Paris, 1885, p. 137-163 (la légation de Pline et le décret de Trajan) ; A. HARNACK, *Chronologie*, t. I, p. 256.

(2) Paris, 1875, t. I, p. 210 et ss.

véritable auteur de cette ruine, et l'opinion publique ne tarda pas à l'en rendre responsable. Pour se disculper, il osa accuser les chrétiens d'avoir commis cet odieux forfait.

Après avoir cité ces détails, Tacite ajoute, pour caractériser les chrétiens : « Ce nom leur vient du Christ, qui avait été exécuté sous Tibère, par les ordres du procurateur Ponce-Pilate. Cette secte détestable, réprimée d'abord, se répandit de nouveau, non seulement dans la Judée, où elle avait pris naissance, mais dans Rome même, où tout ce qu'il y a de criminel et d'infâme afflue de toutes parts et trouve du crédit (1). »

Ces lignes sont certainement d'une grande importance. Elles attestent dans les termes les plus clairs l'existence personnelle de Jésus-Christ, sa condamnation à mort par Ponce-Pilate, et le fait, donné comme une chose connue de tous, que, à l'époque de Néron, les chrétiens, alors nombreux en Judée, dans tout l'empire, à Rome même, se rattachaient à lui comme au fondateur de leur religion.

Voilà des renseignements historiques très sûrs, qui, en réalité, ne sont séparés de la mort de Jésus que par un intervalle de trente années. Aussi M. E. Havet, dans des *Etudes d'histoire religieuse* (2), qui firent quelque bruit par les idées fausses dont elles étaient remplies, ne pouvait-il s'empêcher d'admettre ce témoignage de Tacite. « On ne peut, disait-il (3), s'en rapporter au témoignage (des écrits évangéliques), même sur les faits qui n'ont rien de merveilleux. Je ne connais qu'un seul de ces faits qui soit absolument incontestable, c'est que Jésus a été mis en croix par l'ordre du procurateur Pontius-Pilatus. » Et pourquoi M. Havet croit-il à « ce fait unique » ? Simplement parce que Tacite le raconte.

(1) *Ann.* xv, 44. Voici le texte latin : *Auctor nominis ejus Christus, Tiberio imperitante, per procuratorem Pontium Pilatum supplicio affectus erat ; repressaque in praesens exitiabilis superstitio rursus erumpebat, non modo per Judaeam, originem hujus mali, sed per Urbem etiam, quo cuncta undique atrocia aut pudenda confluunt celebranturque.*

(2) *Revue des Deux Mondes,* 41ᵉ année, 3ᵉ période, t. XLIV, numéro du 1ᵉʳ avril 1881, p. 582-622.

(3) *Loc. cit.,* p. 589. Voir L.-Cl. FILLION, *Essais d'exégèse,* Lyon, 1884, p. 187 et ss.

Il faut bien ajouter foi aux dires d'un annaliste païen, quoique les historiographes chrétiens ne méritent aucune créance. Tacite a raison, cependant. « L'événement n'était pas bien vieux quand il écrivait. Il avait pu en être le témoin dans sa jeunesse, ou tout au moins le tenir de témoins oculaires... D'autre part, il y a des détails qu'on n'invente point, et ceux que donne l'historien sont de ce nombre. Tacite ne confond pas ici les chrétiens et les juifs. Il marque que le christianisme était sorti de Judée ; que son fondateur (*auctor nominis*) — il prend le mot *Christus* pour un nom propre — avait été condamné et mis à mort sous Tibère, par le procurateur Ponce-Pilate ; que... cette nouvelle secte s'était propagée cependant en Palestine et avait gagné jusqu'à Rome (1). »

On a essayé, il est vrai, d'opposer à ce texte de Tacite le passage du livre des Actes où il est dit que le nom de « chrétiens » fut employé pour la première fois à Antioche de Syrie, entre les années 40 et 45, et non pas à Rome, vers 64. Mais Tacite n'affirme pas le moins du monde que les Romains eux-mêmes inventèrent cette dénomination ; née en Syrie, elle s'était attachée définitivement aux disciples du Christ, et les suivait partout où ils allaient.

Nous avons donc le droit strict de répéter l'article du symbole, *Passus sub Pontio Pilato*. Indépendamment d'autres preuves, « Tacite l'a dit », et c'est là certainement un argument sérieux, comme le pensait M. E. Havet.

3° *Le témoignage de Suétone*. — Cet autre historien célèbre, dont la jeunesse coïncida avec le règne de Domitien (81-96 ap. J.-C.), exerça les fonctions de tribun sous Trajan (98-117) et celles de *magister epistolarum*, c'est-à-dire de secrétaire privé de l'empereur, sous Adrien (117-138). Cette dernière charge lui permit de consulter à son aise les archives impériales, pour composer, entre les années 110 et 120, son ouvrage sur la vie des douze premiers empereurs, d'Auguste à Domitien.

---

(1) AUBÉ, *Histoire des persécutions de l'Eglise*. 2ᵉ édit., t. II, p. 90.

Le fait suivant révèle à lui seul le caractère sérieux de ses recherches : Suétone a aussi composé une biographie d'Horace, et il y cite des fragments de la correspondance échangée entre son héros, Auguste et Mécène.

Dans un premier passage que renferme la *Vita Claudii* (1), Suétone s'exprime ainsi : *Judæos impulsore Chresto assidue tumultuantes, Roma expulit (Claudius)* ; « Claude chassa de Rome les Juifs, qui, à l'instigation de Chrestus, excitaient des troubles perpétuels. »

Ce trait fait allusion à l'édit impérial de l'an 53, mentionné également dans les Actes des Apôtres (2), en vertu duquel les Juifs durent quitter Rome, pour avoir suscité dans la capitale des troubles religieux et politiques, sous l'impulsion d'un certain Chrestus. L'absence de l'adjectif *quodam* devant le mot *Chresto* montre que ce « Chrestus », comme l'appelle Suétone, n'était pas un Juif quelconque, mais un personnage alors bien connu. Les historiens et les littérateurs admettent aujourd'hui presque unanimement que ce nom ne peut représenter que Jésus-Christ. *Christos* (Χριστός) était à cette époque une expression incompréhensible pour la plupart des Romains ; on conçoit donc que Suétone lui ait substitué par erreur celle de *Chrestos* (Χρηστός), beaucoup plus familière, et dont la prononciation était la même. Tertullien, qui mentionne dans son *Apologie* (3) les textes de Tacite et de Suétone, n'a pas manqué de relever cette inexactitude. Il est d'ailleurs incontestable que Suétone a compris assez vaguement les faits, et qu'à ses yeux ce « Chrestus » avait essayé en personne d'exciter les Juifs de Rome à la révolte ; mais il n'y regardait pas de si près, dès qu'il s'agissait des Juifs méprisés. Son renseignement n'en est pas moins très précieux, car il démontre que, sous le règne de Claude (41-54 de notre ère), de dix à vingt ans seulement après la mort de Jésus. le nom du Christ était parvenu de Jérusalem jusqu'à Rome, et qu'il suscitait une effervescence très réelle parmi les Juifs

(1) Chap. xxv.
(2) xviii. 2.
(3) v. 21.

de la métropole impériale, — sans doute parce que ceux
d'entre eux qui rejetaient la vérité chrétienne se soule-
vaient ouvertement contre leurs frères convertis.

Dans son second passage relatif aux chrétiens (1),
Suétone s'exprime en termes plus généraux. Après avoir
raconté comment Néron les accusa d'avoir incendié
Rome, il ajoute qu'ils furent condamnés à divers sup-
plices parce qu'ils s'adonnaient à « une superstition nouvelle et malfaisante (2) ». Quoique moins explicite, ce
texte prouve aussi qu'il y avait à Rome, dès l'époque de
Néron, de fervents disciples de Notre-Seigneur Jésus-
Christ.

Nous pourrions alléguer aussi les témoignages de
Lucien, le fameux persifleur épicurien (3), du néo-
pythagoricien Numénius (4), de Phlégon, esclave affran-
chi d'Adrien (5), de l'électique Galenus (6), et de Celse (7),
autres écrivains païens qui ont parlé de Jésus dans leurs
écrits, et qui admettent sans hésiter son existence personnelle. Mais ils sont plus tardifs et n'ont pas autant
d'importance pour nous, malgré leur valeur très réelle.

Assurément, les documents païens qui signalent
Jésus-Christ et son œuvre ne sont pas aussi nombreux
que le désireraient notre piété et notre curiosité scientifique. Les adversaires de l'existence de Jésus n'ont
pas manqué de s'en prévaloir : dans la liste considérable
des écrivains païens, romains ou grecs, du Ier siècle et du
commencement du IIe, on n'en trouve que trois, disent-

(1) *Vita Neronis*, c. xv.
(2) *Affecti suppliciis christiani, genus hominum superstitionis
novæ et maleficæ.*
(3) Sans nommer Jésus, Lucien (130-200 après J.-C.) l'a introduit
dans son livre *De morte peregrini.* Il l'appelle « le sophiste crucifié »,
« l'homme crucifié en Palestine, » et suppose que c'était un personnage très connu, quoique mort depuis longtemps. C'est, dit-il, le grand
législateur des chrétiens, auxquels il a ordonné de renoncer au culte
des divinités grecques, de l'adorer lui-même à leur place, de se regarder mutuellement comme des frères, et de pratiquer la charité la plus
parfaite les uns à l'égard des autres.
(4) Il vivait dans la première moitié du second siècle.
(5) Même date.
(6) Deuxième moitié du second siècle.
(7) Vers l'an 200. « Je connais tout, » disait-il au sujet du christianisme ; et, en réalité, il manifeste une connaissance étonnante de Jésus,
des évangiles et des choses chrétiennes. Voir ORIGÈNE, *Contra Cel-
sum*, II, 14, 33, 59 ; IV, 51 ; I. L. GONDAL, *La provenance des évangiles*, Paris, 1898, p. 82-93.

ils, qui s'occupent, et seulement en passant, moins de Jésus-Christ lui-même, dont ils se bornent presque à mentionner le nom et la mort, que des chrétiens et de leur conduite.

La réflexion est vraie ; mais elle n'enlève absolument rien de leur importance aux témoignages de Pline le Jeune, de Tacite et de Suétone, et elle met plutôt leur valeur en relief. Quoique si rares, ces témoignages sont très nets, et l'insistance avec laquelle Bruno Bauer, M. Kalthoff et leurs adeptes travaillent à s'en débarrasser, montre à quel point ils sont gênants pour la thèse de ces « ultra-critiques ». A moins d'être un observateur superficiel ou antichrétien, on comprend sans peine, après un instant de réflexion et en se rendant bien compte des circonstances, que les historiens romains n'eurent, pendant longtemps, aucun motif particulier de s'intéresser à Jésus-Christ et au christianisme.

D'abord, aux yeux des historiens et des fonctionnaires de Rome, les chrétiens ne formaient à l'origine qu'une misérable petite secte, une de ces « superstitions », comme ils aimaient à dire, que l'Orient voyait naître en grand nombre et qui tâchaient de s'introduire dans Rome. A ce titre, ils ne pouvaient inspirer tout d'abord, soit aux classes riches et instruites, soit au peuple, qu'un dédain, ou parfois une haine, dont nous avons vu les traces dans les textes cités plus haut. Les Actes de Apôtres (1) contiennent une réflexion très significative sous ce rapport. Elle est du procurateur Festus, qui, voulant expliquer au roi Hérode Agrippa II le motif pour lequel saint Paul allait comparaître devant lui, disait entre autres choses : « Lorsque les accusateurs (les Juifs) se furent présentés, ils ne lui reprochèrent aucun des crimes dont je le supposais coupable ; ils avaient seulement contre lui quelques disputes relatives à leur religion, et à un certain Jésus mort, que Paul affirmait être vivant. » Et cela se passait en Palestine, environ vingt ans après la mort de Jésus !

Les Romains ne commençaient à s'intéresser à ces

____
(1) xxv, 18-19.

« superstitions », que lorsqu'elles occasionnaient des troubles dans l'Etat. Or, ce sont précisément des troubles de ce genre, réels ou supposés, qui ont donné naissance aux témoignages de Pline, de Tacite et de Suétone. Autrement, que leur importait cette secte méprisable, fondée en Palestine par un révolutionnaire que le gouverneur Ponce-Pilate avait dû condamner à mort, et composée, à leur point de vue, d'hommes aux idées anarchiques et à la morale criminelle ? Au début, tant que les chrétiens n'attirèrent pas l'attention par leur nombre toujours croissant, on se contenta de les ignorer. Plus tard, les écrivains les plus graves ne parlèrent d'eux et de leur fondateur que dans un langage inspiré par les préjugés et tout rempli d'erreurs.

Dans ces conditions, n'est-il pas étonnant que Pline, Tacite et Suétone aient parlé de Jésus-Christ et du christianisme comme ils l'ont fait ? Leur langage suppose de la façon la plus claire qu'ils ne regardaient pas Jésus comme un personnage imaginaire, mais comme une individualité historique. A lui seul, nous l'avons dit, le texte de Tacite porte un coup mortel à l'hypothèse de Bruno Bauer et de M. Kalthoff. Aussi, pour l'anéantir, et avec lui ceux de Pline et de Suétone, a-t-on prétendu qu'il n'est que la reproduction abrégée de la lettre de Pline, interpolée elle-même par les chrétiens ; Suétone reproduirait de son côté l'affirmation de Tacite. A tout prendre, ces trois documents ne prouveraient qu'une chose, savoir, l'existence d'un petit nombre de chrétiens en Bithynie, vers l'année 113. De tels arguments se réfutent eux-mêmes et révèlent le parti pris évident de ceux qui les emploient.

Ainsi donc, pour résumer et pour conclure sur ce point, les témoignages des écrivains païens les plus anciens en faveur de l'existence historique de Jésus-Christ sont peu abondants. Ils seraient à l'aise sur une page in-4° ; mais cette page atteste formellement qu'un personnage du nom de Jésus a été crucifié en Judée sous le procurateur Ponce-Pilate, et que, sous le règne de Néron, il y avait à Rome un nombre considérable de chrétiens.

Nos adversaires insistent, et nous opposent la notoriété extraordinaire dont, suivant eux, Jésus aurait dû jouir promptement dans le monde romain, si son existence était un fait certain. Les miracles retentissants, multipliés, qu'il opérait d'après les évangiles, ne pouvaient manquer, nous dit-on, au cas où ils ne seraient pas une simple légende, de produire une impression considérable, non seulement sur ses compatriotes, mais bien au delà des limites de la Palestine, et les historiens de la Grèce et de Rome les auraient certainement signalés. Le silence gardé sur ce point par les annalistes contemporains serait donc de mauvais augure (1).

Nous répondons qu'il ne faut pas connaître le monde romain de cette époque pour raisonner ainsi. La foi aux miracles était alors très vive, et, dans les moindres événements, on voyait des prodiges accomplis par les dieux, par les empereurs (2) et par les premiers venus. Cela étant, les miracles de Jésus-Christ, bien qu'ils aient produit en Palestine une commotion considérable, dont les évangélistes se font plus d'une fois les échos (3), ne pouvaient guère attirer l'attention du monde extérieur, et en particulier du monde officiel romain, qui ne se laissait pas aisément troubler par des faits de ce genre. Mais, notons-le bien, plus les chroniqueurs de cette période demeurent silencieux sur la plupart des détails de la vie de Jésus, plus on doit être frappé de la mention grave et sobre qu'ils font de quelques incidents de cette vie.

§ II. — *Les témoignages des écrivains juifs contemporains de Notre-Seigneur.*

Ils sont assez rares aussi, et cela devait être ; néanmoins, le silence n'est pas absolu non plus de ce côté.
1° *Philon d'Alexandrie.* — Les écrivains juifs les plus

(1) Voir l'article publié sur « l'origine du christianisme » par l'écrivain socialiste KAUTSKY, dans la *Neue Zeit*, t. III, 1888.
(2) En ce qui regarde particulièrement Vespasien, voir Tacite, *Hist.*, IV, 81, et Suétone, *Vita Vespasiani*. Au sujet d'Esculape, voir A. HARNACK, *Die Mission und Ausbreitung des Christentums*, Leipzig, 19 2, p. 76-79.
(3) Voir MATTH., VIII, 27 ; IX, 8, 26, 31 ; XII, 23 ; XV, 31, etc.

célèbres du premier siècle de l'ère chrétienne sont le philosophe Philon d'Alexandrie, et l'historien Josèphe. Le plus remarquable et le plus connu des deux est Philon, qui représente le judaïsme alexandrin, tout imprégné de la philosophie grecque. En l'an 40, lorsqu'il se rendit à Rome comme délégué de ses coreligionnaires d'Alexandrie, pour protester auprès de Caligula contre les extorsions et les vexations dont ils étaient l'objet de la part, soit du gouverneur romain, soit des habitants de la ville, il se trouvait, raconte-t-il lui-même, sur le seuil de la vieillesse : ce qui suppose qu'il était né quinze ou vingt ans avant Jésus-Christ. Il fut donc tout à fait contemporain de Notre-Seigneur ; aussi serait-il doublement intéressant de savoir ce qu'il pensait de lui. Mais il est demeuré entièrement muet à son sujet, dans ses ouvrages pourtant assez nombreux.

On n'a pas manqué de tirer de son silence un argument contre l'existence historique de Jésus. « Philon, écrit le docteur Kalthoff (1), le savant alexandrin pour qui l'ère de Ponce-Pilate a été l'objet d'une description détaillée, et qui connaissait exactement l'état de la Palestine, ne consacre pas une syllabe à ce qui, d'après les récits bibliques, aurait si profondément ému la contrée et ses habitants. » Mais il faut remarquer que Philon s'intéressait avant tout, comme le montrent ses écrits, au monde juif d'Alexandrie. Il est difficile, croyons-nous, qu'il n'ait pas entendu parler de Jésus ; la connaissance qu'il eut de lui ne fut cependant pas telle, qu'elle l'ait impressionné vivement, d'une manière durable, et porté à le mentionner dans ses livres. Enfin Philon, qui croyait au Messie, mais à un Messie avant tout politique, par lequel les Juifs seraient délivrés du joug romain et recouvreraient une glorieuse indépendance, ne pouvait que regarder comme un homme exalté, sans valeur, et par conséquent laisser dans l'ombre Jésus-Christ, pour lequel l'idée messianique appartenait uniquement au monde religieux et moral. Le silence de Philon par rapport à Notre-Seigneur — et aussi, chose en un sens plus surprenante, par rapport

(1) *Das Christus-Problem*, 2ᵉ édit., p. 44.

à saint Jean-Baptiste — n'a donc rien de commun avec la conclusion qu'en prétendent tirer Bruno Bauer, M. Kalthoff et leurs adhérents.

2° L'historien *Flavius Josèphe* naquit l'an 37 ou 38 de notre ère. Affilié au parti pharisaïque et zélé patriote, il prit d'abord une part ardente à la révolte des Juifs contre les Romains en 66, et se conduisit en brillant capitaine. Fait prisonnier en 67, il fut remis en liberté un peu plus tard par Vespasien, auquel il avait prédit son élévation au trône. La guerre achevée, il accompagna Titus à Rome, où il mourut vers l'année 100.

Son écrit principal consiste dans les *Antiquités juives*, qui racontent l'histoire du pays juif depuis les origines jusqu'à la fin de la guerre avec les Romains. Il date de la treizième année de Domitien (93-94). Il renferme deux passages relatifs à Notre-Seigneur Jésus-Christ.

Le premier, qui est le plus célèbre et le plus important, est ainsi conçu : « *Vers cette époque* (1) *parut Jésus, homme sage,* si toutefois on peut l'appeler un homme, car il faisait des œuvres étonnantes. Ce fut un maître pour ceux qui reçoivent la vérité avec plaisir. *Beaucoup de Juifs et aussi beaucoup de Grecs s'attachèrent à lui.* C'est lui qui était le Christ. *Sur la dénonciation des principaux de son peuple, Pilate le fit condamner au supplice de la croix. Mais ceux qui l'avaient aimé auparavant lui demeurèrent fidèles ;* car il leur apparut vivant de nouveau le troisième jour, comme l'avaient annoncé les divins prophètes, qui avaient dit aussi à son sujet mille choses merveilleuses. *Maintenant encore, la race des chrétiens, qui tirent de lui leur nom, n'a pas cessé d'exister* (2). »

Le second passage est plus court, et plus vague aussi. Il se rapporte à la condamnation à mort de saint Jacques le Mineur par le grand prêtre Ananus ; acte cruel, que l'historien juif ne peut s'empêcher de blâmer tacitement dans la suite de son récit : « Il (Ananus) assem-

(1) Sous le gouvernement de Ponce-Pilate (27-37). Les mots soulignés sont ceux qu'un certain nombre de critiques croient avoir seuls existé dans le texte primitif. Voir ci-dessous, p. 46-47.

(2) *Ant.*, XVIII, III. 3.

bla le sanhédrin des juges (1) et fit comparaître devant lui le frère (2) de Jésus, dit le Christ, qui se nommait Jacques, et aussi quelques autres, qu'il accusa d'avoir violé la loi et qu'il fit lapider (3). »

Une question très grave a été posée au sujet de ces deux textes : sont-ils réellement authentiques ? Jusqu'au xvII[e] siècle, personne ne paraît en avoir douté ; mais depuis lors, une lutte ardente s'est engagée sur ce point, et elle est loin d'avoir pris fin. Aujourd'hui toutefois, indépendamment de tout esprit de parti, il existe une tendance assez générale à admettre que le second passage est authentique, mais que le premier — c'est aussi le plus explicite — a été interpolé, soit complètement, soit au moins d'une manière partielle.

Pour justifier ce second jugement, on s'appuie sur les raisons suivantes, dont il n'est guère possible de contester le caractère sérieux. 1° Le premier texte suppose que Josèphe regardait personnellement Jésus comme le Messie. « Celui-ci était le Christ, » y lisons-nous en propres termes ; puis l'auteur ajoute que les prophètes avaient prédit depuis longtemps la résurrection de Jésus. Or, c'est là le langage d'un chrétien, et non celui d'un Juif, même d'un Juif devenu plus ou moins sceptique par rapport au judaïsme. Il ne semble donc pas que Josèphe ait pu parler ainsi. 2° A cet argument intrinsèque s'ajoutent des preuves extrinsèques qui sont loin d'être négligeables. Le texte en litige n'a jamais été allégué par les écrivains ecclésiastiques les plus anciens, notamment par saint Justin, par Clément d'Alexandrie, par Origène ; et pourtant il avait une force remarquable au point de vue apologétique. Ce silence est donc de fâcheux augure. Bien plus, Origène, dans son traité contre Celse (4), affirme que Josèphe ne croyait pas au caractère messianique de Jésus : assertion qui est en contradiction formelle avec le passage cité. C'est Eusèbe, au IVe siècle, qui

____

(1) C'était le tribunal suprême des Juifs.
(2) C'est-à-dire le parent.
(3) *Ant.*, XX, IX, 1.
(4) *Contra Cels.*, I, 47. Voir aussi, du même auteur, *Comment. in Matth.*, X, 17.

a été le premier à faire usage de ce texte (1), que saint Ambroise, saint Jérôme, Cassiodore et d'autres ont pareillement connu. Il est vrai que tous les manuscrits grecs parvenus jusqu'à nous le contiennent ; mais ils ne lui accordent pas tous la même place, ce qui n'est pas moins fàcheux. En outre, aucun de ces manuscrits ne remonte bien haut.

Ces preuves diverses donnent à réfléchir et autorisent le doute ; c'est pour cela que de nombreux critiques regardent ces lignes comme tout à fait apocryphes. Il est pourtant de graves auteurs qui continuent à en reconnaître l'authenticité (2). Entre ces deux opinions, il s'en est formé une troisième, à laquelle — et dans le cas présent, ce fait ne nuit pas à son autorité — beaucoup d'écrivains rationalistes ont donné leur adhésion (3). Elle consiste à dire qu'une partie notable du texte, celle qui est soulignée dans notre citation, est authentique, et que l'interpolation porte seulement sur les paroles difficilement conciliables avec les sentiments personnels de Josèphe. Cette opinion mixte nous paraît très vraisemblable (4).

Quoi qu'il en soit du premier texte, à moins, comme on l'a dit, de « pousser bien loin l'idée fixe de l'interpolation (5) », on n'a aucune raison sérieuse de rejeter l'authenticité du second, qui n'a été niée, du reste, que par un petit nombre d'auteurs aux tendances exagérées. Le trait raconté dans ce passage est spécifiquement juif, sans aucun ornement qui puisse faire supposer une retouche chrétienne. Si l'histoire mentionne Jésus « dit le Christ », ce n'est point en faveur de Jésus lui-même, mais pour déterminer ce qu'était Jacques, si cruellement condamné à mort par le grand prêtre Ananus. Ce détail n'a donc rien qui puisse exciter notre défiance, car il

(1) *Hist. ecol.*, II, 6. Comp. *Demonstr. evang.*, II, 3, 105–106.
(2) Entre autres Fr. BOHLE, *Flavius Josephus über Christus und die Christen*, 1896 ; Mgr LE CAMUS, *La Vie de Notre Seigneur Jésus-Christ*, nouvelle édition, Paris, 1887, t. 1, p. 51-53.
(3) Entre autres von Ammon, Paulus, Ewald, E. Renan, Weizsaecker, etc. Voir J. A. MULLER, *Christus in Flavius Josephus*, 1895, p. 31-43.
(4) L'interpolation daterait probablement du IIIe siècle ; elle serait postérieure à Origène et antérieure à Eusèbe.
(5) Albert REVILLE, *Jésus de Nazareth*, Paris, 1897, t. 1, p. 280.

est regardé comme un fait tout objectif, universellement connu en Palestine. Origène, qui est muet sur l'autre texte, ne manque pas de signaler celui-ci (1).

M. Kalthoff objecte, il est vrai, que cette mention de Jésus par l'historien juif ne signifie absolument rien, et qu'elle ne désigne pas nécessairement le Jésus des évangiles, attendu que de nombreux Juifs portaient alors le même nom. Mais c'est l'objection du pasteur brémois, tout au contraire, qui est sans aucune valeur, car il n'y eut, à cette époque, qu'un seul Jésus, celui des évangiles, qui porta le surnom de Christ, et qui fonda la religion chrétienne.

Ajoutons encore, pour achever ce qui regarde le témoignage de Josèphe, que la sobriété des détails qu'il donne sur Jésus-Christ — dans l'hypothèse où son premier texte serait apocryphe ou aurait été remanié dans le sens chrétien — est aisée à expliquer. Devenu l'ami intime des Romains sans cesser de demeurer attaché à son peuple d'origine, il s'efforce très visiblement, dans son livre des *Antiquités* comme dans ses autres écrits, de justifier les Juifs de toute tendance politique opposée à l'empire. Il ne pouvait donc que rejeter le plus possible dans l'ombre les espérances messianiques d'Israël, qui avaient joué un rôle considérable dans la révolte de ses compatriotes contre Rome ; il ne lui était guère possible non plus de manifester un vif intérêt pour Jésus-Christ, qui avait été condamné au supplice ignominieux de la croix par le procurateur romain, comme prétendant au trône, comme ennemi de César, comme roi des Juifs.

3° *Les écrits talmudiques.* — Le témoignage du Talmud est beaucoup plus tardif, car ce fameux recueil de traditions séculaires ne fut mis par écrit qu'à partir du iii⁰ siècle de notre ère (2). Il a sa valeur pourtant,

(1) *Contra Cels.*, I, 47.
(2) Nos lecteurs savent que le Talmud est un recueil composé des explications, souvent contradictoires, que les rabbins juifs ont données de nombreux passages de l'Ancien Testament. Il a deux parties : la *Mischna*, ou « répétition » (de la loi mosaïque) et la *Gémara*, qui est un commentaire de la *Mischna*. C'est dans la *Gémara* seulement qu'il est parlé de Jésus, aux traités qui concernent le sabbat et le sanhédrin.

car il mentionne assez fréquemment Jésus, quoique ce soit, il est vrai, pour laisser un libre cours à la haine la plus fanatique contre le fondateur du christianisme, et pour le calomnier étrangement (1). Du moins, cela même démontre que les Juifs d'alors croyaient à l'existence individuelle de Jésus et regardaient la religion chrétienne comme son œuvre propre.

Dans les passages où il est question de lui, Notre-Seigneur est appelé parfois *Iéchou*, et le plus habituellement « l'homme », « l'insensé », « celui qu'on ne doit pas nommer ». A côté des détails ridicules ou odieux qu'on raconte sur lui, on trouve aussi des traits vraiment historiques, tels que le nom de sa mère, son origine royale, son séjour en Egypte, ses miracles, son antagonisme contre les traditions juives, son supplice pendant la fête de Pâque, etc.

Maintenant résumons et concluons.

Nous avons consulté avec assez d'ampleur les auteurs païens et juifs qui pouvaient nous fournir quelques renseignements sur Jésus-Christ. S'il s'agissait d'écrire l'histoire du divin Maître, il faudrait reconnaître que les résultats obtenus sont « d'une maigreur extrême (2) », et que, rapprochés des sources chrétiennes, ils ne nous apprennent absolument rien. Mais nous ne leur demandions qu'une chose, que nous tenions à savoir par eux. Trouve-t-on chez eux des preuves suffisantes, scientifiques, de l'existence individuelle de Notre-Seigneur Jésus-Christ ? Sur ce point, leur réponse a été aussi nette que possible : Oui, on trouve ces preuves ; et à moins de ruiner en bloc tous les témoignages historiques, il faut admettre celui-là.

Mais il est temps de passer aux témoignages des auteurs et des documents chrétiens qui se rapprochent le plus de l'époque de Notre-Seigneur Jésus-Christ.

____

(1) Des choses ignobles sont dites en particulier au sujet de sa naissance. Voir H. LAIBLE, *Jesus Christus im Thalmud*, Leipzig, 1900, p. 8-39.

(2) Albert RÉVILLE, *Jésus de Nazareth*, t. I, p. 189.

§ III. — *Les témoignages chrétiens.*

« L'histoire, comme tout au monde, a sa logique interne. Lorsqu'on étudie les documents remontant à la période de formation de l'Eglise, on voit s'aligner une série d'écrits dont la composition serait entièrement inimaginable, s'ils n'avaient été précédés par une réalité historique semblable... à ce qui nous est décrite par la narration évangélique (1). »

Ces documents sont de deux sortes, selon qu'ils font ou ne font point partie de la littérature inspirée. Il suffira de glisser rapidement sur ceux de la seconde catégorie, qui, un peu plus tardifs et souvent empruntés aux écrits canoniques, ne sauraient avoir la même valeur que ces derniers.

I. *Le témoignage des documents chrétiens autres que les livres du Nouveau Testament.* — Nous parlerons successivement des *agrapha*, des Pères apostoliques, des évangiles apocryphes et des peintures des catacombes.

1° Les *agrapha,* ou *dicta Christi agrapha* (2), consistent en un certain nombre de paroles attribuées à Notre-Seigneur par une tradition plus ou moins fidèle, mais qui n'ont pas été conservées par les évangiles. Quelques-unes de ces paroles nous ont été transmises par les Pères ; d'autres proviennent aussi d'ailleurs. Elles ont attiré depuis assez longtemps l'attention des savants, qui les ont précieusement recueillies, en ont étudié l'origine d'après les règles de la critique et les ont savamment commentées (3). Naguère (4), leur nombre s'accroissait encore, car on en découvrait treize

----

(1) A. RÉVILLE, *Jésus de Nazareth,* t. I, p. 261.
(2) Mot qui signifie : « non écrits » (dans les évangiles).
(3) Voir A. RESCH, *Ausserkanonische Paralleltexte zu den Evangelien gesammelt und untersucht,* Leipzig, 1893-1896, 5 vol. in-8 ; Nestle, *Novi Testamenti grœci supplementum,* Leipzig, 1896, p. 17 et ss ; Preuschen, *Antilegomena, die Reste der ausserkanonischen Evangelien und urchristlichen Ueberlieferungen,* Giessen, 1901, 2ᵉ édit. en 1905.
(4) En 1897 et en 1904.

nouvelles sur de vieux papyrus égyptiens ; et le monde savant était tout ému de cette découverte, que de nombreux opuscules ont appréciée et discutée (1).

Tout bien considéré, les *agrapha* authentiques se ramènent à peu de chose. Il y en aurait quatorze tout au plus, d'après un de ceux qui les ont le plus sérieusement étudiés de nos jours (2), et peut-être faut-il encore réduire ce chiffre pour demeurer dans la vérité. Mais aurait-on ainsi recueilli, dès les temps les plus reculés, les paroles attribuées à Jésus, si l'on n'eût été certain de son existence ?

2° Passons aux Pères apostoliques, c'est-à-dire aux écrits des Clément pape, des Polycarpe, des Ignace, des auteurs de la *Didaché* et de l'épître à Diognète, des Hermas, etc., qui vivaient à la fin du Ier siècle et au commencement du IIe. « Les littérateurs païens (et juifs) nous ont révélé l'existence, dès la fin du Ier siècle, d'une société religieuse nouvelle et puissante qui se rattache à Jésus. Cette société..., nous la connaissons par le témoignage de ses représentants authentiques ; elle a exprimé ses croyances et ses sentiments dans d'irrécusables documents. Qu'y trouve-t-on sans cesse, sinon le souvenir du Christ des évangiles, conservé... dans des récits tous pénétrés d'un saint amour (3) ? » Quand même ces documents ne contiendraient que cette parole de saint Polycarpe à son juge : « Il y a quatre-vingt-six ans que je le sers (le Christ) et il ne m'a jamais fait de de mal (4), » et cette parole de saint Ignace : « Mes annales, c'est Jésus-Christ, sa croix, sa mort et sa résurrection (5), » ils nous diraient suffisamment qu'on croyait alors de la façon la plus indubitable à l'existence

( ) Voir O. BARDENHEWER, *Geschichte der altchristlichen Litteratur*, Fribourg-en-Brisgau, t. I, p. 389-390 ; Grenffell et Hunt, Λόγια Ἰησοῦ, *Sayings of our Lord from an early greek Papyrus*, Londres, 1897 ; A. HARNACK, *Ueber die jüngst entdeckten Sprüche Jesu*, Fribourg-en-Brisgau, 1897, etc.

(2) J. H. ROPES, *Die Sprüche Jesu die in den kanonischen Evangelien nicht überliefert sind*, 1896.

(3) E. de PRESSENSÉ, *Jésus-Christ, son temps, sa vie, son œuvre*, Paris, 1866, p. 59.

(4) *Martyrium S. Polycarpi*, x, 3.

(5) *Epist. ad Philadelph.*, VIII.

de Jésus-Christ, pour lequel on vivait, on souffrait et on mourait heureux.

3° Des évangiles apocryphes les plus anciens nous dirons, comme des *Dicta Christi agrapha*, qu'ils nous renseignent bien pauvrement sur la vie de Notre-Seigneur. Cela est vrai de l'évangile des Hébreux comme de celui des Egyptiens, dont on trouve des traces à partir du IIᵉ siècle, comme aussi du Protévangile de Jacques, de l'évangile de Thomas, des Actes de Pilate, etc., venus plus tard, sans parler de l'évangile de Pierre, dont on découvrait naguère un fragment (1). La peinture et la poésie ont bien pu leur faire d'intéressants emprunts ; mais, sous le rapport historique, ils ne contiennent guère que des imitations maladroites ou de gauches développements, parfois même des caricatures des faits évangéliques. Néanmoins, ils ne sont pas inutiles, eux non plus, au point de vue qui nous occupe, car ils supposent, de la part de ceux qui les acceptaient et les lisaient avec tant de crédulité, un ardent désir de connaître tout ce qu'avait fait Jésus-Christ dans son enfance et sa jeunesse, durant sa passion et même après sa mort : désir tout à fait inexplicable, si l'on n'avait pas cru à l'existence individuelle du Sauveur. Déjà saint Luc signale, aux premières lignes de son évangile (2), les nombreux essais qui eurent lieu de bonne heure pour satisfaire cette pieuse et légitime curiosité des premiers chrétiens.

4° Les peintures des catacombes, dont un certain nombre remontent jusqu'à l'époque des Flaviens (entre les années 89 et 96) et de Trajan (98-117), n'attestent-elles pas aussi la foi universelle des fidèles à un Christ historique, personnel ? Les interpréter à la façon de M. Kalthoff (3) n'est pas moins ridicule qu'antiscientifique.

Aussi les archéologues, comme les historiens et les

(1) Voir les recueils de Fabricius (1703), de Thilo (1830), de Tischendorf (1853), de Hennecke (1904), et aussi G. Brunet, *Les évangiles apocryphes traduits et annotés*, Paris, 1863 (2ᵉ édit.); J. Variot, *Les évangiles apocryphes, histoire littéraire*, etc., Paris, 1878.

(2) I, 1-2. Il les écrivait entre les années 60 et 70.

(3) Voir la page 20.

exégètes, ont-ils haussé les épaules plus que jamais à cet endroit de son premier volume. Jésus est représenté à tout instant sur les peintures des catacombes ; il n'en est même aucune qui ne se rapporte finalement à lui. Nous l'y voyons porté dans les bras de sa mère, adoré par les Mages, assis au milieu des docteurs juifs, changeant l'eau en vin à Cana, recevant le baptême des mains du précurseur, s'entretenant avec la Samaritaine, guérissant l'hémorroïsse ou d'autres malades, ressuscitant Lazare, emportant sur ses épaules la brebis égarée ou entouré de brebis nombreuses, debout au milieu des douze apôtres, etc., etc. Bien plus, on va lui chercher des types dans l'Ancien Testament, et on le figure sous les traits d'Isaac, de Jonas, de Daniel, etc. Oui, les peintures des catacombes sont souvent allégoriques ; mais, c'est pour figurer sous des types plus variés, plus intimes, la vie et la grande œuvre de Notre-Seigneur Jésus-Christ, vie et œuvre dont elles supposent la lointaine préparation sous l'ancienne Alliance et la concrète réalité sous la nouvelle. Il n'est pas possible d'admettre qu'une légende de formation composite ait pu créer tout cela, à une distance encore si rapprochée des événements.

II. *Le témoignage des livres du Nouveau Testament.* — Disons-le bien haut, notre vraie et principale preuve, notre preuve irréfutable de l'existence historique du Sauveur, consiste dans les écrits du Nouveau Testament, qui tour à tour nous ne le présentent sous les couleurs les plus vivantes. Il faut toute la hardiesse de l'école exégétique la plus avancée, pour affirmer que, sur ce terrain, l' « état des documents est décourageant (1), » alors qu'ils sont si clairs et si précis pour des yeux que n'aveuglent pas les préjugés.

1° Le témoignage de l'apôtre saint Paul a pour nous une valeur particulière. Saul était, en effet, le contemporain de Jésus dans le sens strict. Nous le trouvons à Jérusalem au moment où éclata contre l'Eglise naissante la persécution dont il fut l'un des

____

(1) Voir C. HENKE, *Protestantenblatt,* 1903, n. 19, p. 510.

instigateurs les plus violents (1). Peut-être y était-il déjà, pour ses études « aux pieds de Gamaliel (2) », pendant la vie publique du Sauveur, qu'il put fort bien connaître de vue, ainsi que de doctes commentateurs l'ont pensé (3). Quoi qu'il en soit, pharisien austère (4), rempli d'un zèle infatigable pour le judaïsme, ennemi juré de la religion chrétienne, doué en même temps d'un esprit très positif, il dut se livrer, soit avant, soit après sa conversion, à une enquête sérieuse sur Jésus et sur son œuvre. Et les témoins oculaires ne manquaient pas pour lui fournir tous les renseignements désirables (5). Sa conversion même, qui fit d'un blasphémateur et d'un persécuteur l'apôtre le plus généreux du Christ, cette rupture soudaine et merveilleuse avec tout son passé, ne dut pas s'accomplir, indépendamment de la grâce divine, sans de très graves motifs. Elle serait, comme aussi la vie subséquente de Paul, non seulement une énigme, mais une impossibilité absolue, si le Christ des évangiles n'avait pas existé et s'il n'avait pas fondé l'Eglise. Jamais l'un des esprits les plus puissants et les plus indépendants qui aient paru sur cette terre ne se serait courbé humblement et spontanément devant une ombre vaine.

En ce qui concerne l'histoire de Notre-Seigneur, Paul sait tout, et il puise à pleines mains dans le trésor de ses souvenirs, pour mieux faire connaître celui qui était toutes choses pour lui, et aux pieds duquel il aurait voulu amener l'univers entier.

« C'est vraiment une très riche vie de Jésus qui s'offre

(1) Act., VII, 58 ; VIII, 3.

(2) Act., XXII, 3. Elles durent se prolonger pendant plusieurs années : *nutritus secus pedes Gamaliel.*

(3) D'après II Cor., V, 16 : « Si nous avons connu le Christ selon la chair, maintenant nous ne le connaissons plus (de cette manière). » En tout cas, il ne semble point que Saül ait pris part à la mort de Jésus. Il l'aurait dit sans doute, lui qui s'accuse humblement d'avoir été à la tête de ceux qui lapidèrent saint Etienne et d'avoir persécuté l'Eglise naissante. Cf. Act., XXII, 4-5, 19-20 ; XXVI, 10-11 ; I Tim., I, 3.

(4) Phil., III, 5-6.

(5) Saint Paul eut des relations intimes avec les apôtres et les premiers chrétiens. Cf. Act., IX, 17-19, 26-28 ; XI, 25-30 ; XV, 1 et ss. ; XXI, 17 et ss. ; Gal., I, 18-19 ; II, 1 et ss., etc.

à nous » dans ses écrits (1). Essayons d'en tracer l'esquisse.

Jésus a vraiment revêtu la nature humaine ; il est né de la femme (Rom., v, 15 et viii, 4 ; I Cor., xv, 21 ; Gal., iv, 4 ; Phil., ii, 7). Il appartenait à la race juive (Rom., iv, 1 ; Gal., iii, 16), à la tribu de Juda (Hebr., vii, 14), à la famille de David (Rom., i, 3 ; II Tim., ii, 8). Il avait des « frères », c'est-à-dire des cousins (I Cor., ix, 5), dont l'un, l'apôtre saint Jacques le Mineur, est mentionné nommément (Gal., i, 19). Il s'est fait pauvre à cause de nous, afin de nous enrichir par sa pauvreté (II Cor., viii, 9). Il s'est volontairement soumis à la loi mosaïque (Gal., iv, 4). Il n'a commis aucun péché (II Cor., v, 21) ; l'Esprit de sainteté le remplissait (Rom., i, 4). Pour son ministère extérieur, il s'est limité à Israël (Rom., xv, 8). Il s'est entouré d'un cercle de disciples intimes, les apôtres, qu'il destinait à être les porteurs de la bonne nouvelle (I Cor., ix, 5 et xv, 5, 7, 9 ; Gal., i, 17, 19). Paul sait que les principaux d'entre eux étaient Pierre-Céphas (I Cor., ix, 5 et xv, 5 ; Gal., i, 16 et ii, 7) et Jean (Gal., ii, 9) ; que l'un d'eux a honteusement trahi son Maître (I Cor., xi, 23). Il connaît même et cite deux paroles de Jésus : l'une au sujet du mariage (I Cor., vi, 10 et 25), l'autre sur le droit qu'ont les prédicateurs de l'Evangile de vivre de l'Evangile (I Cor., viii, 14). S'il ne mentionne expressément aucun des miracles du Sauveur, il n'ignore pas qu'un apôtre peut en accomplir en son nom (II Cor., xii, 12).

La passion douloureuse de Notre-Seigneur fournit à saint Paul une matière particulièrement abondante. Il en connaissait si bien les scènes humiliantes et poignantes, que, lorsqu'il les racontait aux fidèles, ceux-ci assistaient en quelque sorte au crucifiement de Jésus (Gal., iii, 1). Avant de mourir, le divin Maître a institué la sainte Eucharistie, dont Paul expose les principaux détails à la manière des évangélistes synoptiques (I Cor., xi, 23-25). L'apôtre des Gentils fait allusion à l'agonie de Gethsémani (Hebr., v, 7), aux outrages sans nom dont Jésus fut abreuvé par ses ennemis (Rom., xv, 3 ;

____

(1) T. Keim, *Geschichte Jesu von Nazara*, t. I, p. 42.

Hebr., xii, 3), à son admirable obéissance aux volontés de son Père céleste (Phil., ii, 8 ; Hebr., xii, 2), comme aussi à son état de profonde impuissance au moment de sa passion (II Cor., xiii, 4). Jésus est mort sur le bois de la croix (Gal., iii, 1, 13), auquel il fut attaché avec des voleurs (Col., ii, 14). Son supplice eut lieu en dehors de Jérusalem (Hebr., xiii, 12). Il a été enseveli (I Cor., x v, 4). Le troisième jour, il est ressuscité, comme l'avaient annoncé les prophètes (I Cor., xv, 4 ; Rom., viii, 11, etc.) ; puis il est apparu plusieurs fois à ses apôtres et à ses disciples (I Cor., xv, 5-8). Enfin il est monté au ciel, où il siège à la droite du Père (Rom., viii, 34 ; Eph., i. 20, etc.). Au dernier jour, il reviendra pour juger les vivants et les morts (I Thess., i, 10 et iv, 13-16 ; II Thess., i, 6-10, etc.).

Est-il besoin d'ajouter que, pour saint Paul, Jésus n'est pas seulement le Messie (1), le nouvel Adam, chef de l'humanité régénérée (Rom., v, 12 et suiv. ; I Cor., v, 32, 45-49, etc.), mais avant tout le Fils de Dieu (Rom., i, 3-4 ; I Cor., viii, 6 ; II Cor., iv, 4 ; Col., i, 15-16 ; Phil., ii, 5 ; Hebr., i, 4-14, et cent fois ailleurs), qui possède et manifeste tous les attributs de la divinité ?

En face de tous ces textes, — et nous aurions pu aisément en tripler le nombre, — « comment se soustraire à l'évidence que Paul, venu au christianisme très peu d'années après la mort de Jésus, a eu la certitude absolue de parler de Jésus comme d'un être qui a très réellement vécu, qui a enseigné une doctrine très élevée, qui a été méconnu, persécuté, crucifié, en laissant le souvenir d'une vie très sainte (2), » toute divine ?

Paul est donc « un témoin d'une valeur incontestable » pour nous manifester l'existence et la signification de Jésus (3). Sans un Christ personnel, réel, sa conduite

(1) L'apôtre emploie près de quatre cents fois le nom de « Christ », qu'il traite souvent comme un nom propre.

(2) A. Réville, *Jésus de Nazareth*, t. 1, p. 260.

(3) Bousset, *Was wissen wir von Jesus ?* Halle, 1904, p. 17. Et pourtant, le plus récent vulgarisateur français de l'exégèse ultra-libérale d'Allemagne, M. C. Guignebert, n'a pas craint d'insérer l'affirmation suivante dans son *Manuel d'histoire ancienne du christianisme*, Paris, 1906, p. 156 : « Paul ne s'est jamais intéressé qu'au Dieu crucifié, et ne consacre au Fils de l'homme que quelques phrases sans grande portée. »

et ses écrits sont une énigme insoluble. Aussi quiconque veut effacer Jésus-Christ du livre de l'histoire doit en effacer pareillement saint Paul avec ses quatorze épîtres. Bruno Bauer et M. Kalthoff n'ont pas reculé devant cette nouvelle audace (1). Nous n'avons pas à les suivre sur ce terrain. Leurs prétendues preuves sont dénuées de tout fondement, et ne résistent pas à un sérieux examen, comme on le voit dans les Introductions aux épîtres de saint Paul. A part de très rares exceptions, les exégètes rationalistes admettent au moins l'authenticité de ce qu'ils nomment « les quatre grandes épîtres », c'est-à-dire, des lettres adressées aux Romains, aux Corinthiens (I et II) et aux Galates (2).

2° Les nombreuses données que saint Paul nous fournit sur Notre-Seigneur Jésus-Christ sont complétées par celles du livre des Actes, des épîtres catholiques (3) et de l'Apocalypse : écrits que M. Kalthoff ne manque pas, à la suite de Bruno Bauer et pour le même motif principal, d'éliminer comme non authentiques.

Notons-le en passant, la critique de ces messieurs est aussi aisée que peu variée. Pour trouver un terrain sur lequel ils puissent élever leur étrange et peu solide construction, ils sont tous obligés de rejeter un à un tous les documents historiques, profanes ou sacrés, qui contrarient leur système. La négation principale entraîne les négations secondaires. Et l'on prétend agir scientifiquement en offrant au monde de telles théories ! Mais un système qui ne peut s'établir qu'à la condition de renverser d'abord les faits historiques les plus incontestés s'ensevelit lui-même sous les ruines qu'il multiplie de tous côtés.

Dans les neuf écrits du Nouveau Testament que nous venons de mentionner, on trouve aussi, quoique épars, des traits nombreux de la biographie de Jésus, et par conséquent des preuves nombreuses de son existence

(1) Voir A. SCHWEITZER, *Von Reimarus zu Wrede*, p. 157 ; KALTHOFF, *Entstehung des Christentums*, p. 110 et ss.

(2) Comp. O. SCHMIEDEL, *Die Hauptprobleme der Leben-Jesu-Forschung*, 2ᵉ édition, p. 10-12.

(3) Nos lecteurs savent qu'on donne ce nom aux deux épîtres de saint Pierre, aux trois épîtres de saint Jean, aux épîtres de saint Jacques et de saint Jude.

historique. Les discours de saint Pierre et de saint Paul qui nous ont été conservés par l'auteur des Actes, comme aussi les épîtres du prince des Apôtres, abondent également en détails concrets, très précis, sur le baptême de Jésus par le Précurseur (Act., I, 22), sur ses nombreux miracles (II, 22, etc.), sur sa transfiguration (II Petr., I, 16-18), sur ses titres de fils de David (Act. II, 30), de Fils de Dieu (Act., IX, 20, etc.), de bon Pasteur (I Petr., II, 25, etc.) et de Sauveur du monde (Act., IV, 12), sur les oracles des prophètes à son sujet (Act., X, 43, etc.), sur le cercle intime de ses apôtres (Act., I, 15, etc.), sur la trahison de Judas (Act., I, 16-19), sur les outrages dont Jésus fut abreuvé par Hérode, Pilate et les Juifs (Act., III, 13-14 ; IV, 27, etc.), sur son crucifiement (Act., II, 23, 36, etc.), sur sa sépulture (Act., II, 19, etc.), sur sa résurrection (Act., II, 24, etc.), sur son ascension (Act., II, 34,), sur son second avénement (Jac., V, 7-8), etc.

Nous abrégeons, pour ne pas retomber dans des redites. Mais qu'on veuille bien remarquer que ces écrits, parus trente ans environ après la mort de Notre-Seigneur, ne se proposaient aucunement de parler de lui *ex professo*, de raconter sa vie, mais de traiter tel ou tel sujet spécial de dogme et de morale. Et pourtant ils contiennent, eux aussi, une petite esquisse assez complète de sa biographie, tant leurs auteurs étaient pleins du souvenir et de l'amour de Jésus, auprès duquel ils avaient passé plusieurs années et dont ils étaient maintenant les témoins pleins de zèle. Leurs allusions, tout occasionnelles, aux principaux faits de son histoire, ont donc une grande force ; ils supposaient cette merveilleuse histoire connue à fond de leurs lecteurs.

Quant à l'Apocalypse et aux trois épîtres de saint Jean, qui ne furent publiées qu'à la fin du premier siècle, elles célèbrent Jésus comme l'Agneau immolé volontairement pour notre salut, comme le divin Logos, comme la sagesse éternelle par laquelle Dieu a créé le monde (1). Mais cette exaltation du divin Agneau exige

(1) Cf. Apoc., III, 14 ; V, 7, 9 ; XIX, 13 ; XXII, 16, etc. ; I Joan., I, 1, 7 ; II, 1, 22 ; III, 7, 23 ; IV, 9, 10, 14, 15 ; V, 1, 5, 6, 10, 13, 20 ; II Joan., 3, 7, 9 ; etc. Tous les écrits de saint Jean, personne ne le nie, sont remplis de la pensée de Notre-Seigneur Jésus-Christ.

que la vie humaine de la douce et innocente victime ait tout d'abord suivi son cours, tel que le racontent les évangélistes.

3° Les évangiles ! Ils sont, en fin de compte, nos vrais témoins pour démontrer l'existence et pour raconter la vie de Jésus. Jusqu'ici, un noyau solide de cette vie s'est, pour ainsi dire, formé sous nos yeux, assuré et consolidé par l'accord d'anciens garants, si divers ; mais seuls les évangiles sont capables de remplir les vides du tableau que nous avons obtenu, et de rendre tout à fait vivante pour nous la divine figure du Sauveur. En effet, ceux qui les ont composés ont le droit de dire : « Ce que nous avons entendu, ce que nous avons vu de nos yeux, ce que nous avons contemplé et que nos mains ont touché, concernant le Verbe de vie (car la vie a été manifestée, nous l'avons vue et nous en rendons témoignage, et nous vous annonçons la vie éternelle, qui est auprès du Père, et qui nous est apparue) ; ce que nous avons vu et entendu, nous vous l'annonçons (1). » Comment ne pas croire des témoins qui tiennent un pareil langage, lorsque leur bonne foi, leur honnêteté, leur compétence, leur crédibilité sont démontrées de cent manières ? Sans eux, nous aurions peu de chose, une simple esquisse, quelque riche qu'elle soit ; grâce à eux, nous sommes suffisamment instruits, malgré les lacunes de leurs récits. Ailleurs, aussi, on démontre l'authenticité et l'intégrité des écrits évangéliques.

En de telles conditions, récuser leur témoignage, c'est prétendre renverser toutes les lois de la critique historique. Aussi, sont-ils bien rares ceux qui osent leur enlever toute leur autorité et prétendre qu'ils ne contiennent pas une seule ligne qui se rapporte réellement à Notre-Seigneur Jésus-Christ. On les compterait sans peine : Bruno Bauer, M. Kalthoff, leurs adeptes parmi les « socialistes-démocrates », et quelques autres encore. Mais le défi qu'ils ont porté à la science exégétique et à la science historique a été relevé. Les critiques les

____
(1) I Joan., 1, 1-3.

moins conservateurs, ceux dont nous avons signalé ailleurs les très graves erreurs au sujet de Jésus-Christ et des récits évangéliques (1), ont répondu que l'on peut prouver jusqu'à l'évidence, à la suite d' « un travail actif, infatigable, sur les évangiles, » travail accompli « d'après un examen tout à fait impartial des documents venus jusqu'à nous (2), » non seulement que le Christ a existé, mais que nous connaissons l'essentiel de sa vie. « La figure de Jésus a une telle couleur locale dans les trois premiers évangiles, et l'araméen, qui était sa langue maternelle, apparaît partout si visible-ment (dans le style actuel des récits), qu'un Italien du II⁰ siècle n'aurait jamais pu inventer une telle physio-nomie. Ce n'est point à la cour des empereurs, ni dans la Rome du II⁰ siècle, ni dans la tête d'un poète grec, mais en Galilée et dans la réalité de la vie, que Jésus a son origine. C'est près du lac où les pêcheurs jettent leurs filets, c'est sur la montagne où fleurissent les lis rouges et où le blé ondule au vent du soir..., c'est là qu'est la patrie de Jésus, c'est là qu'il a réellement vécu. Cette vie éclate encore dans ses paroles (3). »

La critique absolument négative a prétendu que le portrait de Jésus, tel que l'ont tracé les synoptiques eux-mêmes, est une simple légende de Saint, peinte sur un fond d'or. Cela est faux : « toutes les descrip-tions bibliques (relatives à Jésus) produisent l'impres-sion irrésistible qu'elles correspondent à la plus entière réalité... C'est pourquoi on peut se mettre en communi-cation avec ce Jésus, et pour cela, on n'a besoin de rien de plus que le récit biblique... Là, un être personnel s'est gravé en traits ineffaçables. S'il n'en était pas ainsi, il y a longtemps que tous les savants auraient renoncé à se rompre la tête avec l'énigme de cette apparition (4). » Est-ce que les *Vies de Jésus* qui ont

---

(1) Voir la *Revue du clergé français*, numéros du 1ᵉʳ juillet, du 1ᵉʳ août et du 1ᵉʳ septembre 1908.

(2) H. von Soden, *Die wichtigsten Fragen im Leben Jesu*, Berlin, 1905, p. 4.

(3) H. Weinel, *Jesus im neunzehnten Jahrhhundert*, p. 51-52.

(4) M. Kæhler, *Der sogenannte historische Jesus und der geschicht-liche, biblische Christus*, Leipzig, 1892, p. 31 et 32.

été publiées dans le cours des siècles, et notamment les plus récentes, — en France, celles de M. l'abbé Fouard, de Mgr Le Camus et du P. Didon, — ne placent pas sous nos yeux un portrait vivant, un personnage vraiment historique ?

§ IV. — *Témoignage que l'existence du christianisme apporte en faveur de celle de Jésus.*

C'est là aussi un argument inébranlable, qui pourrait être l'objet de développements historiques très intéressants.

Comme le dit brièvement et avec tant de force l'épître aux Hébreux, *Jesus Christus heri et hodie ; ipse et in sæcula* (1). Et voici déjà dix-neuf siècles que Jésus-Christ exerce une influence énorme sur une partie considérable de l'humanité. Le christianisme, qui porte son nom et qui le regarde comme son fondateur, est là, debout, depuis la seconde moitié du 1er siècle, grandissant toujours et continuant d'envahir le monde, alors que les empires les plus puissants, les races les plus fécondes, ont succombé. Or, il existe une union étroite, indissoluble, entre Jésus-Christ et la religion chrétienne ; car Jésus n'est pas seulement le fondateur de cette religion, il en est en même temps l'objet direct et principal. Il n'est donc, en soi, ni vraisemblable, ni possible qu'elle ait pris son existence sans lui. De même que le césarisme suppose un César historique, le luthéranisme un Luther, le calvinisme un Calvin, de même le christianisme suppose un Christ personnel et réel, sans lequel on ne saurait le concevoir.

Cette permanence de Jésus, à un si haut degré, dans la vie et dans l'histoire du monde, n'a nulle part son parallèle. C'est un fait entièrement unique. L'oubli progressif des plus grands hommes, des héros les plus célèbres, des réformateurs les plus utiles, et aussi des tyrans les plus néfastes, est une loi de l'histoire : peu à peu, l'indifférence règne plus ou moins à leur égard.

(1) Hebr., XIII, 8.

Seul, Jésus a échappé à cette loi. Aujourd'hui, comme lorsqu'il parcourait la Galilée, prêchant et faisant le bien, ou comme lorsqu'il discourait sous les galeries du temple de Jérusalem, il groupe l'humanité en deux camps opposés : le camp des amis et celui des ennemis. C'est là un problème insoluble pour ceux qui nient son existence. Une ombre, une figure de pure imagination aurait-elle pu produire de pareils résultats ? Est-il possible que le fondateur du christianisme ne soit qu'un vain fantôme ?

Le docteur Karl von Hase, qui s'est distingué dans l'école protestante libérale par ses travaux sur la vie de Notre-Seigneur, écrivait naguère ces lignes (1) : « Si, à ce double témoignage (2), nous ajoutons le fait de l'existence de la chrétienté, il en résulte, avec une certitude que le doute ne peut pas même effleurer, qu'un Juif, Jésus de Nazareth, nommé le Messie et qui a subi une mort ignominieuse, a fondé une société religieuse de laquelle sont sortis un nouveau principe de vie et une transformation de l'histoire du monde. » Puis il raconte l'anecdote suivante : « Au bal de la cour, à Weimar, lors du premier congrès, Napoléon déclara à Wieland (3) que Jésus n'avait peut-être jamais existé. Le chancelier Müller, qui était là, m'a assuré que Napoléon n'avait lancé cette idée que par manière de discussion, pour entendre ce que dirait ce savant allemand. Wieland répondit : « De cette façon, on pourrait aisément affirmer dans mille ans que Napoléon n'a jamais existé, et que la bataille d'Iéna n'a pas été livrée. » L'empereur dit : « Très bien ! » et s'en alla plus loin, en souriant. En réalité, quiconque voudrait nier l'existence de Jésus, ou du moins — car ce serait là une chose trop inepte — son esprit créateur, son élévation morale, sa puissance religieuse, celui-là serait obligé de faire découler l'effet le plus considérable de la cause la plus humble, la transformation de l'histoire du monde d'un jeu quelconque du hasard ; il pourrait aussi bien affirmer que la cathé-

(1) *Geschichte Jesu*, 2ᵉ édit., Leipzig, 1891, p. 11.
(2) Celui de saint Paul et celui de Tacite.
(3) Poëte et littérateur allemand alors célèbre (1733–1815).

drale de Strasbourg a été fabriquée en une nuit, ou dans le cours d'un siècle, par l'amoncellement de la poussière des rues. »

Ainsi, dans quelque sens que l'on tourne et que l'on retourne les faits dont se compose l'histoire du christianisme primitif, nous arrivons toujours à ce résultat nécessaire : derrière ces faits, il y a une personnalité historique ; il y a l'existence de Jésus, fondateur de l'Eglise chrétienne.

Il demeure donc acquis scientifiquement que le système d'après lequel Jésus-Christ, le héros des évangiles, le centre des autres livres du Nouveau Testament, le véritable auteur du christianisme, n'aurait jamais existé et ne serait qu'un personnage allégorique ou qu'un mythe juif, babylonien, chrétien ou composite, non seulement n'a pas le moindre appui dans l'histoire, qui le contredit de toutes façons, mais est une « monstruosité » en face de la vraie science.

TABLE DES MATIÈRES

2333-08. — Imp. des Orph.-Appr., F. Blétit, 40, rue La Fontaine,
Paris-Auteuil.

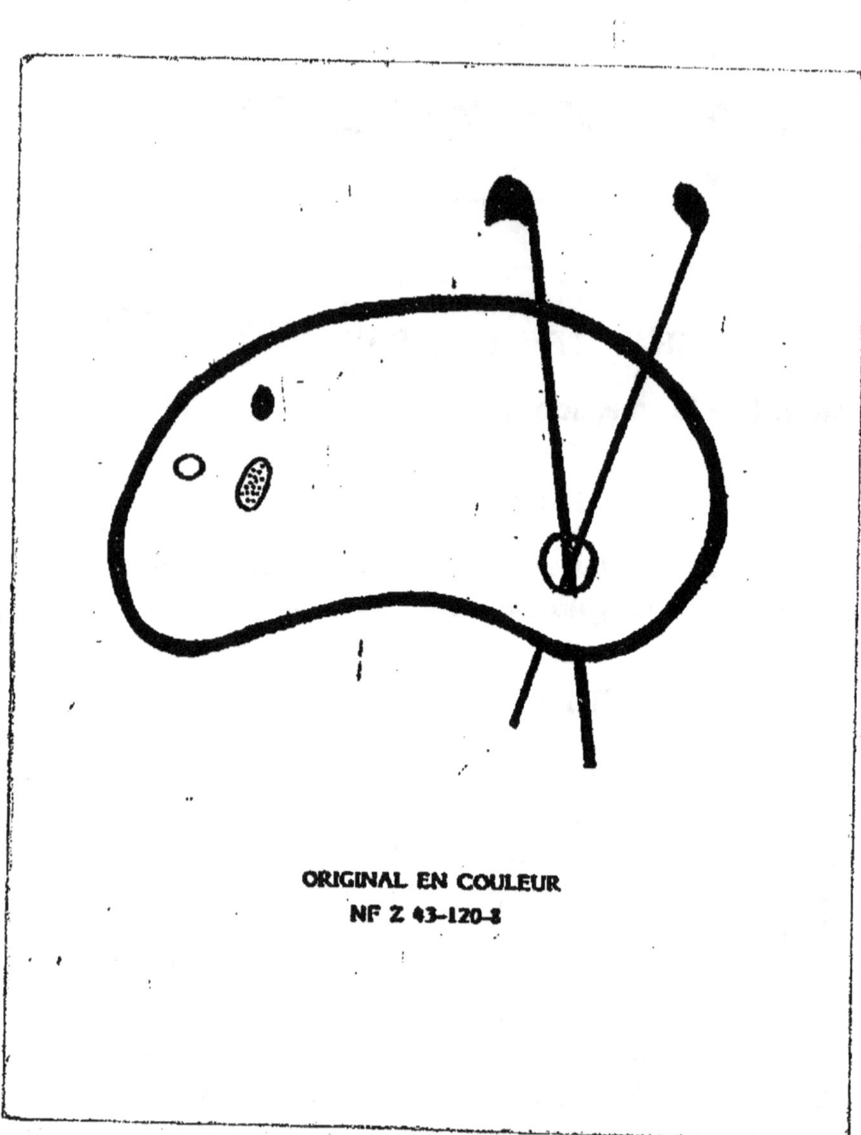

ORIGINAL EN COULEUR
NF Z 43-120-8